Droit de la sécurité sociale

Collection « Mise au point »

Droit de la sécurité sociale

Maryse Badel

Maître de conférences
Université Montesquieu Bordeaux IV

ellipses

Dans la collection « Mise au point »

- ***La vie politique sous la Ve République***, D. Amson
- ***Droit de la sécurité sociale***, M. Badel
- ***Droit international humanitaire***, 2e éd., A. Biad
- ***Les institutions communautaires***, O. Blin
- ***L'Organisation mondiale du commerce***, 2e éd., O. Blin
- ***Droit des propriétés intellectuelles***, J.-M. Bruguière
- ***Politiques communes de l'Union européenne***, J.-L. Clergerie
- ***Le système juridique de l'Union européenne***, J.-L. Clergerie et V. Faure-Tronche
- ***La loi organique du 1er août 2001 relative aux lois de finances***, S. Damarey
- ***Droit de l'art***, N. Ferry-Maccario et O. Silhol
- ***Les collectivités territoriales***, J. Girardon
- ***Politiques d'aménagement du territoire***, J. Girardon
- ***La cohabitation***, Ch. Gouaud
- ***Le terrorisme***, M.-H. Gozzi
- ***Droit du patrimoine culturel et naturel***, Ph. Ch.-A. Guillot
- ***Le droit de la vie politique***, E.-P. Guiselin
- ***Droit des contrats***, Ch. Lachièze
- ***Droit de l'Internet***, J. Larrieu
- ***Droit des libertés fondamentales***, Ch. Mondou
- ***L'ONU depuis 1945***, J.-F. Murraciole
- ***Histoire des institutions publiques françaises de 476 à 1848***, M.-H. Renaut
- ***Histoire des idées politiques***, M.-H. Renaut
- ***Histoire de la fonction publique***, M.-H. Renaut
- ***Histoire du droit de la famille***, M.-H. Renaut
- ***Histoire du droit de la propriété***, M.-H. Renaut
- ***Histoire du droit des affaires***, M.-H. Renaut
- ***Histoire du droit pénal***, M.-H. Renaut
- ***Droit du cautionnement***, B. Roman
- ***Grands problèmes économiques. Introduction à l'économie politique***, V. Roux
- ***Droit du crédit***, S. Sabathier
- ***Introduction à la pensée politique classique***, Ph. Ségur
- ***La Ve République***, Ph. Ségur
- ***Le politique***, Ph. Ségur
- ***Droit des étrangers***, V. Tchen
- ***Le droit de la fonction militaire***, B. Thomas-Tual
- ***Droit de la fonction publique de l'État***, B. Thomas-Tual
- ***Institutions politiques comparées***, G. Toulemonde
- ***Le pouvoir exécutif en France de 1789 à nos jours***, J.-P. Valette
- ***Histoire constitutionnelle française de 1789 à nos jours, 2e éd.***, S. Velley
- ***Le président de la Ve République***, J.-C. Zarka
- ***Introduction au droit constitutionnel***, J.-C. Zarka
- ***Institutions politiques françaises, 3e éd.***, J.-C. Zarka
- ***Les systèmes électoraux***, J.-C. Zarka
- ***Droit international public***, J.-C. Zarka
- ***Institutions internationales***, 3e éd., J.-C. Zarka
- ***Relations internationales***, 2e éd., J.-C. Zarka

ISBN 978-2-7298-2949-0

32, rue Bargue 75740 Paris cedex 15

www.editions-ellipses.fr

Introduction

La place de la sécurité sociale dans le système de protection sociale

Un maquis… Telle est l'image souvent utilisée pour présenter la sécurité sociale, ou la protection sociale, les termes étant parfois employés l'un pour l'autre. Pourtant, il faut le préciser d'emblée et prévenir la confusion : la sécurité sociale n'est pas la protection sociale, elle n'en est qu'une composante. La protection sociale recouvre plusieurs techniques de couverture sociale (sécurité sociale, indemnisation du chômage, aide sociale, action sociale et protection sociale complémentaire) dont la complémentarité permet de composer un système.

I. La construction du système de protection sociale

L'ordonnance du 4 octobre 1945 a posé la première pierre du système de protection sociale. Avant cette date, il existe des dispositifs qui ont pour objet de prendre en charge les risques sociaux ou professionnels et certaines situations de besoin. Mais il ne s'agit que de réponses parcellaires qui ne sont fédérées par aucune logique directrice. Pour qu'une telle logique apparaisse, il faut attendre le plan de sécurité sociale présenté par Michel Laroque à la suite des travaux du Conseil national de la Résistance. Ce plan va définir les finalités de la protection sociale et faire de la sécurité sociale son élément central.

La protection sociale concilie alors techniques d'assurance et d'assistance, à la croisée des influences de Bismarck et de Beveridge.

1. Les influences de Bismarck et de Beveridge

Otto von Bismarck et sir William Beveridge, à un demi-siècle d'intervalle, ont proposé deux techniques de prise en charge des risques sociaux, aujourd'hui qualifiées de modèles.

À la fin du XIXe siècle, en réponse aux attentes des ouvriers de l'Allemagne industrialisée et pour combattre l'influence de la doctrine socialiste, le **Chancelier Bismarck** crée les premières assurances sociales[1]. Dans un « message impérial » de 1881, il proclame l'obligation de l'État d'accorder des réparations lors de la réalisation des risques sociaux inhérents à l'ère industrielle. Qu'il s'agisse de la maladie, de l'invalidité, de la vieillesse ou de l'accident du travail, la technique de couverture est la même : les prestations versées à l'ouvrier lors de la survenance du risque sont financées par des cotisations assises sur son salaire et payées par l'employeur et le salarié. Les prestations, destinées à compenser la perte de salaire, sont logiquement calculées à partir du revenu qui a permis de recueillir les cotisations. Cette technique de couverture sociale, dite contributive ou assurantielle, est essentiellement financée par « les forces vives de la nation », c'est-à-dire les travailleurs et les employeurs. Les assurances sont gérées par des « associations coopératives » qui sont des institutions des assurés et des employeurs administrées de façon autonome, sous le contrôle de l'État.

En 1942, **sir W. Beveridge** adresse au gouvernement britannique un rapport désigné aujourd'hui de son nom[2]. Les finalités qu'il assigne à la sécurité sociale peuvent être facilement retenues au moyen de la formule célèbre qu'on lui prête : « glisser un plancher sous les pieds de la société libérale ». À cette fin, il propose de combiner trois méthodes différentes : l'assurance sociale, destinée à répondre aux besoins de base, l'assistance publique, pour les cas spéciaux, et l'assurance volontaire, pour compléter les prestations de base.

1. U. Bauriedl, « Cent ans d'assurances sociales allemandes », *RISS* 1981. 439.
2. G. Perrin, « Le plan Beveridge : les grands principes », *RISS* 1992. 45.

La cotisation d'assurance sociale est forfaitaire, parfois complétée par une participation de l'État, et donne lieu au versement de prestations également forfaitaires. Les prestations, comme le terme de plancher le laisse supposer, n'ont qu'un niveau minimum, identique pour tous. Elles sont dépourvues de lien avec l'éventuel revenu professionnel puisque la cotisation versée est sans rapport avec le niveau du revenu. Cela laisse une place évidente à l'assurance volontaire car, pour Beveridge, l'amélioration du niveau de vie relève de l'initiative individuelle. L'assistance publique est conçue comme un complément indispensable à l'assurance sociale. L'accès aux soins doit être financé par l'impôt et reposer sur un service national de santé. Dans ce dernier cas, la technique de couverture sociale est dite non contributive ou assistantielle car toute personne résidant sur le territoire national a droit aux prestations.

La sécurité sociale repose sur trois principes : l'universalité, l'unité, l'intégration. Universelle, elle doit couvrir l'ensemble des risques et des charges auxquels la personne est exposée « du berceau à la tombe[1] », comme la maladie, la maternité, la vieillesse, l'invalidité, les risques professionnels… Du point de vue de l'objet de la sécurité sociale, l'approche de Beveridge est donc assez proche de celle de Bismarck. À sa différence cependant, la sécurité sociale n'est pas réservée à la classe des travailleurs salariés et doit s'étendre à l'ensemble de la population. Unitaire, la sécurité sociale se traduit par la même protection pour tous, cotisations et prestations étant uniformes, et elle prend la forme d'une assurance nationale, confiée à l'administration publique. L'intégration, enfin, consiste à coordonner les politiques de protection et à associer l'assurance et l'assistance, la seconde étant un complément nécessaire pour tous ceux qui ne relèvent pas de l'assurance.

2. La structuration du système français de protection sociale

Un système se définit comme un ensemble organisé dont les éléments ordonnés et solidaires tendent à un résultat déterminé. Aussi, on peut se demander

1. Cette expression émane d'un discours de sir Winston Churchill à la Nation, le 21 mars 1943, où il annonçait un plan quadriennal de sécurité sociale, sans toutefois se référer explicitement au plan Beveridge.

s'il n'y aurait pas quelque construction intellectuelle, un peu artificielle, à présenter ainsi la protection sociale. Mais quand bien même la protection sociale n'aurait-elle pas été pensée comme telle, c'est ainsi qu'elle apparaît aujourd'hui : un ensemble cohérent et coordonné de composantes complémentaires qui tendent vers une même fin, assurer au plus grand nombre une couverture contre les principaux risques, charges et besoins de l'existence.

C'est à partir de 1945 que se sont installées les composantes actuelles de la protection sociale. La sécurité sociale, principalement contributive, réseau de droits propres et de droits dérivés, s'est déployée à partir du régime général. Encore aujourd'hui composée de nombreux régimes socioprofessionnels obligatoires, elle garantit aux assurés et à leurs ayants droit le versement de prestations en espèces et en nature pour les risques maladie, maternité, décès, invalidité, vieillesse, pour les risques professionnels, et de prestations familiales pour compenser les charges de famille. Non contributive, obligatoire et alimentaire, l'aide sociale investit un champ laissé vacant par la sécurité sociale. Elle sert des prestations en espèces ou en nature aux personnes confrontées à un besoin qui ne relève pas de la sécurité sociale. Également obligatoire, le dispositif d'indemnisation du chômage est organisé de façon autonome. Il emprunte aussi bien à la technique de l'assurance en versant des prestations contributives, qu'à la technique de l'assistance en attribuant de façon subsidiaire des allocations à des personnes qui ont épuisé leurs droits aux prestations contributives, ou qui n'ont jamais cotisé. L'action sociale et la protection sociale complémentaire viennent parachever ce système. Ayant pour point commun d'être en principe facultatives et de répondre à des besoins ignorés ou partiellement couverts par la protection sociale obligatoire, l'action sociale et la protection sociale complémentaire sont opposées par une différence majeure : la première est non contributive, la seconde en principe contributive[1].

La protection sociale est ainsi ordonnée en système. Elle est composée d'éléments complémentaires contribuant à la même finalité : couvrir la population contre les risques, charges et besoins auxquels elle peut être confrontée. La complémentarité de ces éléments est d'autant plus évidente que leur tech-

1. Exception avec la CMU complémentaire, voir *infra*.

nique de couverture et leur champ matériel d'intervention s'opposent deux à deux, ce qui permet aux uns d'intervenir là où les autres sont absents, d'être efficaces là où les autres sont indigents. Ainsi en est-il de l'aide sociale, l'action sociale et l'indemnisation du chômage, assistantielles, qui servent des prestations quand la sécurité sociale, la protection sociale complémentaire et l'indemnisation du chômage, assurantielles, sont défaillantes. Il existe un même rapport de complémentarité entre le facultatif et l'obligatoire, la protection sociale complémentaire et l'action sociale venant relayer la sécurité sociale et l'aide sociale en s'ajoutant à leurs prestations.

3. La sécurité sociale, noyau dur de la protection sociale

L'ordonnance de 1945 donne à la sécurité sociale une place centrale en en faisant la voie d'accès privilégiée à la protection sociale. Les droits à prestation sont prioritairement contributifs, subsidiairement non contributifs. Cela implique que lorsqu'un risque se réalise, sa prise en charge doit d'abord être recherchée dans la sécurité sociale. Ce n'est qu'à défaut de droits ouverts à la sécurité sociale que les autres ressources de la protection sociale seront sollicitées. C'est un peu comme si, sur la scène de la protection sociale, la sécurité sociale tenait le premier rôle.

Pour autant, la sécurité sociale ne sert que des prestations de base qui, sans être forfaitaires, n'ont pas vocation à compenser intégralement les conséquences économiques des risques et charges. Les prestations en espèces sont plafonnées[1], les prestations en nature sont calculées à partir d'un tarif de référence, ce qui est un moyen de contenir les dépenses de la sécurité sociale, mais aussi symptomatique de l'idée que la sécurité sociale n'a pas à effacer toutes les conséquences des risques, mais simplement à « libérer les travailleurs de la hantise du lendemain ». La sécurité sociale doit « susciter leur effort en les associant de plus en plus à la gestion de leurs intérêts[2] ». Elle laisse donc d'emblée un espace à la protection sociale complémentaire qui verse des prestations ayant vocation à s'ajouter à celles de la sécurité sociale. De plus, la

1. Elles sont versées dans la limite d'un montant fixé par décret.

2. P. Laroque, « Le plan français de sécurité sociale », *Rev. fr. trav.* 1946.12.

sécurité sociale étant en principe réservée aux travailleurs et à leur famille, ceux qui n'ont jamais travaillé et ne sont pas ayants droit sont en principe inéligibles à la sécurité sociale. Le volet assistantiel de la protection sociale a vocation à les recueillir, dans certaines limites. Cette articulation des droits montre que la protection sociale complémentaire, l'indemnisation du chômage, l'aide et l'action sociale se présentent comme des satellites de la sécurité sociale : cette dernière, placée au centre de la protection sociale, détermine les champs d'intervention des autres qui se définissent, d'une certaine façon, par défaut.

4. Les sources du droit de la sécurité sociale

Les sources du droit de la sécurité sociale sont nationales et supra-nationales. En raison du particularisme de ce droit tourné vers la mise en œuvre de droits sociaux, l'essentiel des normes qui organisent son application est d'origine interne, encore que le droit communautaire et les conventions bilatérales jouent un rôle essentiel en cas de migration des bénéficiaires. Les droits international et européen ne doivent pas non plus être négligés car ils énoncent des principes majeurs et consacrent des droits fondamentaux, primordiaux pour le concept de sécurité sociale.

Les sources internes du droit de la sécurité sociale sont assez classiques. La Constitution[1] répartit les compétences entre le pouvoir législatif et le pouvoir exécutif, donnant au premier compétence d'attribution pour les principes fondamentaux du droit de la sécurité sociale[2] et pour le vote des lois de financement de la sécurité sociale, et au second compétence générale en prenant des décrets et des arrêtés, le juge administratif veillant à ce qu'ils ne dénaturent pas les principes légaux. Ce partage des compétences apparaît très nettement dans le Code de la sécurité sociale qui comporte une partie législative et deux parties réglementaires. L'application des lois et règlements donne lieu à une jurisprudence fournie qui se partage entre la Cour de cassation et le Conseil d'État. S'ajoutent à ces sources du droit habituelles d'autres sources plus singulières, quoiqu'assez communes en droit social : les conventions

1. Art. 34 et 37 de la Constitution du 4 octobre 1958.

2. Existence d'un régime, création des prestations cotisations, désignation des bénéficiaires…

conclues par les organismes de sécurité sociale. Enfin, la Constitution de 1958 renvoie au Préambule de la Constitution du 27 octobre 1946 et aux « principes économiques et sociaux particulièrement nécessaires à notre temps ». Après avoir rappelé que « la Nation assure à l'individu et à la famille les conditions nécessaires à notre temps », elle consacre le droit à la protection de la santé et celui d'obtenir de la collectivité des moyens convenables d'existence. Elle donne un ancrage constitutionnel aux prestations sociales qui servent ces droits créance. Ceci explique les saisines fréquentes du Conseil constitutionnel à l'occasion du vote des lois de sécurité sociale.

Les normes communautaires jouent aussi un rôle non négligeable en droit de la sécurité sociale car les questions sociales, délaissées par les textes fondateurs, se sont progressivement imposées. Le traité de Maastricht identifie la politique sociale comme un objectif à part entière et le traité d'Amsterdam soutient une « Stratégie européenne pour l'emploi » et l'égalité des chances. Le droit communautaire dérivé, constitué des directives et des règlements, poursuit l'harmonisation et la convergence des législations nationales. Pour favoriser la libre circulation des travailleurs, il organise la coordination des législations nationales de sécurité sociale afin que les déplacements dans l'Union ne soient pas préjudiciables à l'acquisition ou au maintien des droits à sécurité sociale[1].

Aux plans international et européen, la portée des normes est inégale. Certaines ont une fonction incitative et consistent dans des déclarations idéologiques. Il en est ainsi de la charte de l'Atlantique de 1941 qui affirme la nécessité pour les nations de collaborer « afin d'assurer à tous de meilleures conditions de travail, une situation économique favorable et la sécurité sociale », de la Déclaration universelle des droits de l'Homme adoptée en 1948 et du Pacte international relatif aux droits économiques, sociaux et culturels de 1966 qui proclament le droit de toute personne à la sécurité sociale. Au plan européen, la Charte sociale européenne de 1961 déclare que les États s'engagent à établir ou à garantir un régime de sécurité sociale.

1. Les conventions bilatérales, conventions internationales conclues entre la France et des États tiers, ont des objectifs similaires. Elles cherchent à garantir des droits aux travailleurs immigrés ou à conserver des droits aux nationaux expatriés.

À la différence de ces déclarations dont la portée juridique est limitée, d'autres textes sont pourvus d'une force normative réelle. Il en est ainsi des conventions de l'Organisation internationale du travail (OIT), particulièrement de la convention n° 102 de 1952 sur la norme minimum de sécurité sociale car la législation des États qui l'ont ratifiée est soumise à un suivi pour évaluer sa mise en œuvre[1]. Le Conseil de l'Europe a pour sa part élaboré la Convention européenne des droits de l'Homme et des libertés fondamentales, en vigueur depuis 1953, sur laquelle la Cour européenne des droits de l'Homme se fonde pour condamner par exemple les discriminations liées à la nationalité. En 1964, le Conseil a aussi adopté le Code européen de sécurité sociale qui impose aux États l'ayant ratifié d'élaborer des normes sociales conformes à leur niveau de développement économique et social.

II. La sécurité sociale comme composante du système français de protection sociale

La sécurité sociale a été créée par l'ordonnance du 4 octobre 1945. Dans l'exposé des motifs, les « pères fondateurs » justifiaient cette institution par la nécessité de « débarrasser les travailleurs de l'incertitude du lendemain qui crée chez eux un sentiment d'infériorité, et qui est la base réelle et profonde de la distinction des classes ». Selon l'article 1er de l'ordonnance, « il est institué une organisation de sécurité sociale destinée à garantir les travailleurs et leur famille contre les risques de toute nature susceptibles de réduire ou de supprimer leur capacité de gain, à couvrir les charges de maternité et les charges générales de famille qu'ils supportent ». Il ajoute que des ordonnances ultérieures étendront son champ d'application à de nouveaux bénéficiaires, risques et de prestations.

1. La sécurité sociale

Si le concept de sécurité sociale est apparu en 1935 sous la présidence de F. D. Roosevelt avec le vote du *Social Security Act*, sa définition est dès l'ori-

1. Sur l'applicabilité directe d'une convention de l'OIT, *cf.* Soc. 29.03.2006, *RJS* 5/2006 p. 369, note Martinel.

gine très fluctuante d'un pays à l'autre. Elle comprend par exemple l'indemnisation du chômage en Belgique alors qu'elle se limite à l'assurance vieillesse aux États-Unis, montrant que le concept est éminemment dépendant du développement économique et de la tradition culturelle. Entre ces deux extrêmes, le droit français adopte une voie intermédiaire, ancrée sur la notion de risque social. Il est en cela assez fidèle à la convention n° 102 de l'OIT qui, dans sa présentation analytique de la sécurité sociale, vise la maladie, la maternité, l'invalidité, le décès, la vieillesse, l'accident du travail et la maladie professionnelle et les charges de famille.

Destinée à garantir les travailleurs et leurs familles contre ces risques susceptibles d'affecter leur capacité de gain et à couvrir leurs charges familiales, l'organisation de sécurité sociale, selon le « Plan français de sécurité sociale » porté par Pierre Laroque[1], poursuit quatre objectifs principaux : l'universalité, l'unité, l'uniformité, et l'autonomie. Les réformateurs français, inspirés par la doctrine de Beveridge, ont adapté ces principes à la réalité française. L'universalité concerne les champs matériel et personnel de la couverture et signifie qu'elle doit s'étendre à tous les risques et tous les travailleurs. L'unité porte sur le régime et l'organisation administrative. L'uniformité veut que les prestations et les cotisations soient les mêmes pour les personnes de même catégorie. L'autonomie, enfin, renvoie à la gestion des organismes de sécurité sociale dans un cadre paritaire, témoignant d'une certaine défiance à l'égard de l'État.

Autant le dire d'emblée, tous ces objectifs n'ont pas été atteints. Malgré les vagues d'extensions successives de la couverture à de nouvelles personnes, l'universalité n'est pas réalisée, empêchée par la nature contributive du droit. De plus, le lien étroit entre travail et assurance sociale induit une conception restrictive du risque social. Le risque du droit de la sécurité sociale est celui qui atteint le travailleur dans sa capacité de travail ou de gain et, par extension, affecte ses proches. Aussi, si tout événement peut *a priori* constituer un risque social, défini de façon extensive comme « tout risque inhérent à la vie

1. Il sera le premier directeur de la sécurité sociale. P. Laroque, « La sécurité sociale de 1944 à 1951 », *RFAS* 1971. 3 ; N. Kerschen, « La doctrine du rapport Beveridge et le plan français de Sécurité sociale », *Dr. ouv.* 1995. 415.

en société[1] », le risque du droit français de la sécurité sociale est plus modestement défini. Il est essentiellement celui qui représente une menace pour la santé et les moyens d'existence du travailleur et de sa famille. Le risque naît alors de la maladie, de la vieillesse, du décès et de l'accident, professionnel ou non, et les prestations versées doivent s'analyser comme des revenus de compensation ou de substitution. Dans cette perspective, la sécurité sociale s'est toujours refusée à considérer la pauvreté comme un risque social. Elle est au mieux appréhendée comme un besoin et, à ce titre, relève de l'aide sociale. Il est en revanche plus surprenant que le risque de perte d'emploi, auquel sont exposés les travailleurs salariés, bénéficiaires par excellence du régime général, n'ait pas été retenu[2]. Au fond, il semble que les risques du droit français de la sécurité sociale soient plutôt ceux qui atteignent l'assuré dans sa chair, dans son intégrité ou sa capacité physique.

Les régimes de sécurité sociale. La mosaïque de régimes de sécurité sociale gravitant autour du régime général permet de comprendre que le terme de sécurité sociale ne désigne pas une réalité, mais des réalités de couvertures sociales. Dès 1945, les particularismes et les intérêts de certains groupes socio-professionnels (agriculteurs, fonctionnaires, indépendants…) ont favorisé le maintien d'une pluralité de régimes et empêché la réalisation de l'unité, rendant par là même l'objectif d'uniformité inaccessible. La sécurité sociale se présente aujourd'hui encore comme un conglomérat de régimes ou catégories de régimes qui peuvent être distingués selon l'activité des assurés et l'étendue de la couverture dont ils bénéficient. Même si les disparités de prestations et de cotisations entre régimes se sont progressivement atténuées, des différences sensibles demeurent et c'est un objectif d'harmonisation qui est désormais avancé.

Les risques couverts par la sécurité sociale. La présentation sommaire des régimes de sécurité sociale montre que les couvertures instituées sont assez proches, sans être en tous points identiques. Le risque professionnel n'est pas couvert en tant que tel par les régimes autonomes, ce qui peut au demeurant

1. J.-J. Dupeyroux, M. Borgetto, R. Lafore, *Droit de la sécurité sociale*, Dalloz, 2005.
2. Elle s'explique par l'absence de chômage massif en 1945 et par la crainte que l'assurance-chômage crée du chômage. J. Rueff, « L'assurance-chômage, cause de chômage permanent », *Rev. éco. po.* 1934. 211.

étonner car, dans une organisation où le travail est la voie d'accès privilégiée, il serait logique que les risques qui en découlent trouvent une place de choix. Pour autant, on observe une conception commune du risque social. Quel que soit le régime et même si les prestations diffèrent, la maladie, la maternité, l'invalidité, le décès et la vieillesse sont couverts par des assurances sociales. Une belle unité qui ne résulte d'aucune définition du risque social par le Code de la sécurité sociale[1], et une grande stabilité qui reflète un certain immobilisme dans la façon de les percevoir.

Malgré les différences relevées, le concept de sécurité sociale a donc un sens : il désigne une technique de couverture sociale, contributive, organisée en régimes professionnels, reposant sur le maillage de la population grâce à l'articulation de droits propres et de droits dérivés, et se traduisant par le versement de prestations en nature et en espèces. Aussi, même si des exceptions existent (prestations non contributives, recettes fiscales), elles restent marginales et sont insuffisantes pour affecter la cohérence d'ensemble de la sécurité sociale.

2. L'indemnisation du chômage

C'est un particularisme français. L'assurance chômage, pour des raisons historiques, ne relève pas de la sécurité sociale. Depuis l'accord national interprofessionnel du 31 décembre 1958 qui l'a créée, elle prend ancrage dans des conventions collectives interprofessionnelles qui obtiennent un effet normatif par agrément gouvernemental.

Le dispositif d'indemnisation du chômage comporte deux volets, l'un assurantiel, l'autre assistantiel. Le régime d'**assurance chômage** verse aux demandeurs d'emploi une allocation d'aide au retour à l'emploi (ARE) s'ils ont préparé un projet personnalisé d'accès à l'emploi (PPAE) avec l'ANPE. L'ASSEDIC examine les conditions de réalisation de ce projet. Le montant et la durée de l'indemnisation dépendent de la durée d'affiliation[2]. Le versement

1. F. Kessler, « La notion de risque social », *Encyclopédie de la protection sociale*, éd. Liaisons Économica, 2000, p. 243 ; E. Alfandari, « L'évolution de la notion de risque social », *RIDE* 1997.
2. La Convention d'assurance chômage du 18 janvier 2006 a modifié l'article R351-1 C. trav. relatif aux durées minimales de service des allocations. Décret n° 2006-188 du 21 fév. 2006, arrêté d'agrément du 23 fév. 2006.

de l'allocation est suspendu ou interrompu si le chômeur ne se livre pas à des actes positifs de recherche d'emploi, ou s'il refuse un emploi professionnellement compatible et normalement rétribué.

Le volet assistantiel comprend deux groupes de **prestations de solidarité**. Il s'agit en premier lieu d'allocations qui ont vocation à relayer l'ARE. Ainsi en est-il de l'allocation de fin de formation qui permet au chômeur d'être indemnisé jusqu'à la fin de sa formation, même s'il a épuisé ses droits à l'assurance chômage. C'est aussi le cas de l'allocation de solidarité spécifique (ASS) destinée aux chômeurs qui n'ont plus de droits à l'ARE et qui justifient d'une durée antérieure d'activité salariée de cinq ans[1]. Elle a vocation à prendre le relais de la prestation assurantielle, mais est réservée aux personnes en situation de besoin. Leurs ressources sont appréciées au niveau du foyer. Enfin, l'allocation équivalent retraite (AER) est versée aux chômeurs âgés qui n'ont plus droit à l'ARE et ont suffisamment cotisé pour avoir des droits entiers à pension de retraite, ce qui les dispense de rechercher un emploi. L'AER qui leur est versée, dans la limite d'un plafond de ressources, leur permet d'attendre l'âge auquel la pension de retraite pourra être liquidée. En second lieu, l'allocation d'insertion[2] est destinée aux chômeurs qui n'ont pas de droits ouverts à l'assurance chômage, et dont la situation, particulièrement préoccupante, justifie qu'on leur attribue une aide (anciens détenus, demandeurs d'asile, réfugiés…). L'allocation d'insertion, placée sous condition de ressources, est le minimum social dont le montant est le plus faible[3].

3. L'aide sociale

L'aide sociale s'est substituée à l'assistance en 1953[4]. Financée par l'impôt, non contributive, elle exprime la solidarité de la collectivité nationale à l'égard des personnes en situation de besoin. Aussi, même si les prestations d'aide sociale ne sont pas toujours réservées aux plus démunis, elles sont généralement allouées sous condition de ressources. L'aide sociale est décentralisée.

1. Cette durée de référence a été augmentée en 2004, privant les « recalculés » de la prestation.
2. À ne pas confondre avec l'allocation de revenu minimum d'insertion.
3. 10,04 € par jour au 1er janvier 2006.
4. Décret du 29 novembre 1953.

Depuis 1986, les départements organisent et coordonnent un service social départemental dont la mission est d'aider les personnes en difficulté à avoir une vie autonome. Les prestations légales d'aide sociale sont d'ailleurs généralement à la charge financière du département[1]. La loi du 13 août 2004 relative aux libertés et aux responsabilités locales a encore renforcé le rôle du département.

Les prestations d'aide sociale présentent plusieurs caractéristiques. Elles sont **légales**. Leur création et la désignation de leurs bénéficiaires relèvent de la compétence du législateur. Le droit à ces prestations trouve donc sa source dans le droit objectif, ce qui en fait un droit subjectif et lui assure une certaine unité territoriale. Les prestations d'aide sociale sont ensuite **subsidiaires** à un double titre. Elles ne sont versées que si le demandeur, incapable de faire face à son besoin par ses propres moyens, n'a pas droit à d'autres prestations et ne peut bénéficier d'aucune solidarité familiale. En conséquence, les prestations d'aide sociale sont versées sous condition de ressources[2] et, quand elles ne le sont pas, c'est leur montant qui est fixé en fonction des ressources du demandeur[3]. Les prestations d'aide sociale présentent encore la caractéristique d'être **alimentaires**. Le bénéficiaire perçoit des aliments, c'est-à-dire les subsides qui lui permettent de faire face à sa situation de besoin[4]. Leur montant est souvent modique, ce qui conduit à dire que si « le droit à l'aide sociale est un droit essentiel, il est aussi un droit à l'essentiel »[5]. Il en résulte que les prestations d'aide sociale sont incessibles et insaisissables. Cela explique aussi que les prestations d'aide sociale sont marquées par le **principe de spécialité**. Elles ont pour fonction de répondre à un besoin spécifique, déterminé, identifié, et sont affectées à sa prise en charge. Enfin, les prestations d'aide sociale peuvent ne constituer qu'une simple avance au bénéfi-

1. À l'exception de celles qui continuent à relever de l'État, art. L121-7 CASF.
2. Aide juridictionnelle, revenu minimum d'insertion…
3. Allocation personnalisée d'autonomie par exemple.
4. Les besoins sont divers : dépendance (APA), aide à domicile (aide ménagère), pauvreté (RMI), handicap (prestation de compensation du handicap), accès au droit (aide juridictionnelle)…
5. J.-P. Laborde, « Le droit au revenu minimum d'insertion dans la loi du 1er décembre 1988 », *Dr. soc.* 1989. 589.

ciaire dans le besoin car elles sont **récupérables**[1]. L'administration de l'aide sociale peut exercer un recours en récupération des sommes versées si le bénéficiaire revient à meilleure fortune ou s'il a effectué des donations[2]. De même, au décès du bénéficiaire, l'administration peut récupérer sur sa succession les sommes versées. Les héritiers qui, durant la vie de leur auteur, ne se sont pas appauvris en lui venant en aide, seront privés d'une partie du patrimoine qui leur était normalement dévolu.

Si ces traits communs caractérisent toujours l'aide sociale, ils se sont légèrement estompés, au gré des dernières inventions législatives. Le revenu minimum d'insertion (RMI), qui permet de solvabiliser les personnes démunies, s'est éloigné du principe de spécialité. L'allocation personnalisée d'autonomie (APA) a écarté la subsidiarité en dispensant le demandeur de faire valoir ses droits aux aliments, et abandonné le recours sur succession. Les avancées de la décentralisation ont favorisé quelques diversités territoriales.

4. L'action sociale

L'action sociale a en commun avec l'aide sociale la logique de l'assistance. Selon la définition énoncée par la loi du 2 janvier 2002[3], l'action sociale et médico-sociale s'inscrit dans les missions d'intérêt général et d'utilité sociale relatives à l'évaluation et la prévention des risques sociaux, la protection de l'enfance, de la famille, des personnes âgées ou handicapées. Elle s'étend aussi aux actions contribuant au développement social et culturel et à l'insertion par l'activité économique. Cette énumération, loin d'être exhaustive, montre que l'action sociale a vocation à développer des missions diversifiées et à accueillir toutes les formes de prises en charge et d'aides.

Les acteurs de l'action sociale sont nombreux. Ce sont des personnes physiques ou morales, associations, collectivités locales (communes, conseils généraux), institutions sociales ou médico-sociales, organismes de sécurité sociale (CPAM,

1. P. Berthet, « Le principe de récupération des prestations d'aide sociale : réalité et perspectives », *RDSS* 2002. 234.
2. Après la demande d'aide ou dans les 5 ans qui l'ont précédée.
3. Art. L311-1 CASF.

CAF, Caisses des dépôts et consignations…). Ce sont eux qui donnent corps à l'action sociale car ils sont à l'origine de la création des aides et des actions. L'action sociale est en effet facultative et dépend de l'initiative, de l'inventivité et du volontarisme de ses protagonistes. C'est malheureusement sa grande faiblesse. La prestation d'action sociale peut être très éphémère et disparaître aussi vite qu'elle a été créée, parce que les possibilités de la financer n'existent plus ou parce que les priorités de la politique sociale locale ont changé. Il en résulte aussi une grande diversité territoriale, parfois interprétée comme une inégalité. C'est néanmoins cet ensemble qui donne à l'action sociale son originalité et sa force. Proche du terrain, des besoins et des attentes des groupes sociaux qu'ils connaissent, les acteurs de l'action sociale peuvent imaginer les prestations les mieux à même de pallier l'absence ou la défaillance de la couverture obligatoire. Les prestations d'action sociale jouent ainsi la fonction de révélateur des insuffisances de la sécurité sociale et de l'aide sociale, tout en constituant une source d'inspiration sans égal pour le législateur. C'est ce qu'a mis en évidence l'expérience des compléments locaux de ressources qui ont devancé le RMI, ou des aides aux personnes âgées qui ont précédé la prestation spécifique dépendance et l'allocation personnalisée d'autonomie.

5. La protection sociale complémentaire

La protection sociale complémentaire partage avec l'action sociale le fait d'être facultative et avec la sécurité sociale celui d'être assurantielle. Elle a vocation à investir tous les champs où la protection sociale est absente ou insuffisante, et s'adresse à tous ceux qui ont la capacité contributive suffisante pour organiser le complètement de leur couverture obligatoire. Elle se manifeste avec la prévoyance et les retraites supplémentaires qui prospèrent au fur et à mesure que la protection sociale obligatoire devient moins performante. Seule la CMU complémentaire n'est pas contributive. Ce sont les organismes de prévoyance, mutuelles, et assureurs privés qui sont ici compétents, les CPAM n'intervenant que de façon exceptionnelle pour la CMU complémentaire.

Ainsi se présente le système de protection sociale. La sécurité sociale, dominée par la technique de l'assurance, est relayée par l'aide sociale, expression de l'assistance. L'aide sociale, gouvernée par le principe de spécialité et dépourvue de vocation généraliste, est prolongée par l'action sociale. L'action sociale n'est cependant elle-même qu'un complément imparfait car, par nature, elle est aléatoire et variable selon les lieux. Elle ne saurait donc soutenir, au mieux, qu'un ordre public social de la protection sociale. De son côté, la protection sociale complémentaire, dont l'accès est conditionné par la capacité contributive, ne constitue qu'un relais incertain de la protection obligatoire.

Partie 1

L'ORGANISATION DE LA SÉCURITÉ SOCIALE

Comme pour mettre l'accent sur l'importance de la construction dans la matière, le premier article du Code de la sécurité sociale débute par une référence à « l'organisation de la sécurité sociale[1] ». Pourtant, le premier contact avec le droit de la sécurité sociale permet rarement de saisir son ordonnancement. Lorsque l'on tente de se représenter l'organisation de la sécurité sociale, plusieurs images viennent à l'esprit, tout aussi pertinentes. Celle du maquis, tant le nombre des acteurs donne une impression de densité… Celle du mille-feuille, le partage des rôles donnant une impression de superposition des compétences… Ou encore celle de l'arborescence, quand l'observateur parvient à saisir les logiques directrices qui soutiennent l'ensemble. C'est cette dernière qui sera retenue pour présenter l'organisation de la sécurité sociale sur les plans administratif, financier et contentieux.

1. « L'organisation de la sécurité sociale est fondée sur le principe de solidarité nationale. », art. L111-1 CSS ; J. Desmarets, « L'ordonnance du 4 octobre 1945 relative à l'organisation de la sécurité sociale », *Dr. soc.* 1946. 21.

Chapitre 1

L'organisation administrative

La sécurité sociale est un but[1] et les régimes qui la structurent doivent être vus comme autant de moyens permettant de l'atteindre. La sécurité sociale est organisée en régimes dont les champs d'application ne se recoupent pas. Chacun d'entre eux s'adresse à des catégories socioprofessionnelles distinctes et est géré par des organismes qui leur sont propres.

I. L'organisation de la sécurité sociale en régimes

Un système dans le système… Ainsi se présente la sécurité sociale composée d'une pluralité de régimes dont l'addition, ajoutée à la combinaison de droits propres ouverts à l'assuré et de droits dérivés reconnus à ses ayants droit, doit permettre de couvrir le plus grand nombre. Le plus grand nombre et non tous car, dans une sécurité sociale professionnelle, l'existence d'une activité professionnelle suffisante est la condition de l'affiliation à un régime de sécurité sociale, déterminé en fonction de la nature de l'activité exercée. La sécurité sociale est ainsi formée de plusieurs régimes ou catégories de

1. « Le but est d'assurer à la masse des travailleurs, et pour commencer aux salariés, une sécurité véritable du lendemain ». P. Laroque, « Entretien avec Guy Herzlich », *Bull. de liaison du Comité d'histoire de la sécurité sociale* 1985, n° 14.

régimes qui peuvent être abordés à partir de l'activité des assurés et de l'étendue de la couverture qu'ils garantissent.

1. La place centrale du régime général

C'est le régime phare de la sécurité sociale tant par sa démographie — il concerne les deux tiers de la population — que par ses prestations qui peuvent être présentées comme moyennes du point de vue de leur montant et des conditions posées pour leur attribution. Le régime général, qui concerne essentiellement les travailleurs dépendants de l'industrie et du commerce, se présente aussi comme le régime d'accueil pour les personnes dépourvues de régime obligatoire de sécurité sociale. Ces dernières peuvent bénéficier de certaines prestations du régime général au moyen des assurances volontaires ou de la couverture maladie universelle de base.
Le régime général couvre des risques sociaux (maladie, maternité, invalidité, vieillesse, décès), les risques professionnels (accidents du travail, maladies professionnelles, accidents du trajet), et compense les charges de famille[1].

2. Les régimes spéciaux

Les régimes spéciaux concernent les travailleurs qui, avant 1945, disposaient déjà d'une couverture sociale organisée. Leur maintien devait être provisoire[2], mais leur existence, aujourd'hui encore, résulte du très fort attachement des assurés à leur régime dû aux particularismes des prestations.
Les régimes spéciaux sont nombreux, plus d'une centaine, et leur démographie est inégale. La plupart, à la population vieillissante, n'accueille plus de nouveaux entrants et a vocation à disparaître. Quelques-uns jouissent en revanche d'une belle vitalité (clercs de notaires, fonctionnaires civils et militaires, fonctionnaires territoriaux, fonctionnaires des hôpitaux, SNCF, marins, RATP, étudiants…), même s'ils peuvent sembler assez confidentiels (Banque de France, ministres du culte, Opéra de Paris, Comédie française). Certains régimes concernent les salariés du secteur privé, d'autres ceux du secteur

1. Ce régime est étudié de façon détaillée dans la deuxième partie de l'ouvrage.
2. Décret du 8 juin 1946.

public. Certains sont totalement spéciaux, se démarquant en tout point du régime général, d'autres partiellement spéciaux, certaines de leurs prestations étant gérées par le régime général. Enfin, certains régimes sont gérés directement par l'employeur (SNCF, RATP, Banque de France, EDF-GDF), d'autres par une caisse (mines, Opéra, Comédie française). Compte tenu de cette diversité, on s'en tiendra à signaler que ces régimes servent des prestations plutôt plus avantageuses que celles des autres régimes, du point de vue de leur montant ou des conditions auxquelles elles sont soumises, l'exemple le plus communément avancé étant celui des pensions de retraites. Leur originalité est aussi remarquable en matière de maladie puisque, dans certains régimes (mines, SNCF, RATP), les assurés et leur famille peuvent bénéficier gratuitement des soins s'ils sont dispensés dans les établissements relevant du service médical de la caisse.

Les régimes spéciaux, qui concernent environ 20 % des cotisants, sont aujourd'hui confrontés à de graves difficultés démographiques et économiques. Leur équilibre financier n'est réalisé qu'au moyen des ressources externes dont ils bénéficient (transferts des autres régimes, subventions d'équilibre versées par l'État). Leur réforme, déjà amorcée pour les retraites des fonctionnaires, semble aujourd'hui inéluctable car elle conditionne leur pérennité.

3. Les régimes autonomes

Les régimes autonomes, aussi nommés régimes des TNSNA (travailleurs non salariés non agricoles) ou régimes des « non – non », ont vu le jour difficilement. Leurs assurés actuels, qui ont en commun d'être travailleurs indépendants, étaient hostiles à l'édification de régimes obligatoires de sécurité sociale. Ces régimes se sont donc constitués par étapes, avec l'institution d'une assurance vieillesse en 1948, puis la création d'une assurance maladie-maternité en 1970. Ils sont aussi restés en marge du régime général, conformément au vœu des travailleurs indépendants de ne pas être mêlés aux salariés. Une minorité activiste contestait du reste, encore récemment, le caractère obligatoire de ces régimes et le monopole de la sécurité sociale, et revendiquait l'application des

1. P. Laigre, « Les organismes de sécurité sociale sont-ils des entreprises ? », *Dr. soc.* 1993. 489 ; *Crim.* 25 nov. 1992, *D.* 1993. IR. 47 ; Soc. 10 mars 1994, *Dr. soc.* 1994. 385 ; CJCE 17 fév. 1993, *RDSS* 1993. 310, obs. G. Vachet.

dispositions relatives à la liberté des prix et de la concurrence à leur couverture sociale. La Chambre sociale comme la Chambre criminelle ont néanmoins considéré que le monopole reconnu aux organismes gestionnaires d'un régime légal est justifié par la mission de service public qu'ils exercent et la solidarité qu'ils mettent en œuvre. Les juges communautaires leur ont emprunté le pas en affirmant que des organismes chargés de la gestion d'un régime de sécurité sociale ne peuvent être qualifiés d'entreprise, car ils poursuivent un objectif social, non économique, et répondent au principe de solidarité[1].

À l'heure actuelle, il n'existe pas un seul régime pour l'ensemble des professions indépendantes, mais trois régimes autonomes, gérés par des organismes spécifiques[1], qui servent des prestations non unifiées, à des conditions qui peuvent elles-mêmes différer. Ils s'adressent respectivement aux artisans, aux industriels et commerçants, et aux professionnels libéraux. Le régime de ces derniers est organisé en sections, ce qui ajoute encore à l'émiettement de la couverture (architectes, avocats, chirurgiens, chirurgiens dentistes, médecins, sages-femmes, vétérinaires…). Pour s'en tenir à une présentation très schématique, on soulignera que ces régimes, qui ne couvrent pas le risque professionnel de façon spécifique, servent des prestations généralement moins performantes que les autres régimes : leur montant est souvent modique, le délai de carence est plus long pour le versement des indemnités journalières de maladie dont le nombre est aussi plus faible, les indemnités de maternité sont parfois optionnelles… Ces régimes, qui concernent environ 5 % de la population, se caractérisent enfin par une évolution négative de leurs structures démographiques.

---

1. L'assurance maladie-maternité est gérée par la caisse nationale d'assurance maladie et maternité des travailleurs non salariés (CANAM) au niveau national, par des caisses mutuelles régionales au niveau régional, et, au niveau local, par des organismes extérieurs qui on passé des conventions avec les caisses régionales. Les régimes d'assurance vieillesse, auparavant gérés par la CANCAVA (artisans), l'ORGANIC (commerçants industriels), la CNAVPL (libéraux) et la CNB (avocats) sont regroupés au sein du Régime social des indépendants (RSI) depuis 2003.

4. Le régime agricole

Ce sont des considérations historiques et sociologiques qui expliquent l'existence du régime agricole. Dès le milieu du XIXe siècle, les agriculteurs se sont organisés collectivement et ont créé les premières mutuelles locales pour être indemnisés des destructions de récoltes et des pertes de bétail. Ces initiatives ont été relayées par la loi avec la consécration des mutuelles destinées à garantir les agriculteurs contre les risques de leur exploitation, l'institution d'assurances sociales obligatoires pour les salariés agricoles en 1928, et la création de la Mutualité sociale agricole (MSA) pour gérer l'ensemble des risques sociaux des assurés agricoles en 1940. Cette organisation a survécu à l'ordonnance du 4 octobre 1945 et, si cela est souvent justifié par les spécificités du monde rural et son besoin d'institutions de proximité, il est probable que, ici encore, un certain conservatisme n'est pas étranger à la situation actuelle.

La très grande originalité du régime agricole est de couvrir aussi bien des travailleurs dépendants que des indépendants, ainsi que des catégories intermédiaires inconnues des autres régimes, comme les aides familiaux ou les métayers. Sont assujetties à ce régime les personnes qui travaillent dans les exploitations ou entreprises agricoles, ce qui inclut largement toutes les formes de culture et d'élevage[1], les entreprises de travaux forestiers, les entreprises de travaux agricoles qui conditionnent, transforment ou commercialisent des produits agricoles, de même que les personnes qui travaillent dans les organismes professionnels et para-professionnels de l'agriculture[2].

L'assujettissement à la MSA est obligatoire. La MSA est la sécurité sociale agricole et non une mutuelle rattachée à la protection sociale complémentaire et facultative, comme sa dénomination trompeuse peut le laisser croire. De plus, contrairement à ce que l'unité des structures administratives invite à penser, la protection des assurés diffère selon qu'ils sont salariés ou indé-

1. Agriculture générale, viticulture, maraîchage, marais salants, élevage traditionnel, apiculture, chats et chiens, nouveaux animaux de compagnie (les fameux NAC), haras, pisciculture, conchyliculture, ostréiculture, vers à soie…
2. Salariés de la MSA, des caisses de crédit agricole mutuel, des coopératives agricoles, personnel enseignant des établissements d'enseignement agricole privé…

pendants. Les premiers bénéficient des prestations du régime général, gérées par les caisses de la MSA, tant pour les risques sociaux que pour les risques professionnels. Les exploitants agricoles ont pour leur part une couverture assez comparable à celles des assurés des régimes autonomes, si ce n'est qu'ils sont couverts de façon spécifique pour les accidents du travail. Leur assurance maladie ne sert que des prestations en nature, l'assurance maternité ne verse pas d'indemnités journalières[1]. Quant à l'assurance vieillesse, elle est constituée d'une retraite forfaitaire et d'une retraite proportionnelle, complétée depuis 2002 par une retraite complémentaire obligatoire.

II. Les organismes de sécurité sociale

Compte tenu de la pluralité de régimes et de la diversité des risques et charges couverts, les caisses de sécurité sociale sont nécessairement en grand nombre et cumulent souvent plusieurs attributions.

1. La répartition des compétences en branches

Les branches renvoient aux fonctions principales de la sécurité sociale. À l'invite de l'article L200-2 du Code de la sécurité sociale, on distingue classiquement quatre branches qui fédèrent l'ensemble des prestations[2]. La branche maladie rassemble les prestations maladie, maternité, invalidité et décès. La branche vieillesse verse les prestations qui relèvent des assurances vieillesse et veuvage. La branche accidents du travail et maladies professionnelles renvoie aux prestations versées pour les risques professionnels. La branche famille concerne toutes les prestations familiales. L'approche en termes de branches, qui relève d'une approche fonctionnelle de la sécurité sociale, présente aussi un intérêt économique. Elle permet d'apprécier leur bonne santé financière en rapprochant recettes et dépenses.

1. Seule une allocation de remplacement est prévue pour couvrir les frais de remplacement de l'agricultrice empêchée par la maternité.
2. On y ajoute parfois la banche recouvrement ou, à l'inverse, on intègre la branche accident du travail, dépourvue de réelle autonomie administrative, dans la branche maladie.

Si les régimes de sécurité sociale se réfèrent globalement à ces différentes branches[1], ils sont organisés de façon spécifique car l'absence d'unité a entraîné l'absence d'unification des caisses et de l'organisation administrative de la sécurité sociale. Ceci explique que des organismes transversaux, ou inter-régimes, ont été institués aussi bien au niveau national qu'au niveau local. Au niveau national, il s'agit tout d'abord de l'Union des caisses nationales de sécurité sociale (UCANSS). Depuis 1994, elle effectue les tâches mutualisées de la gestion des ressources humaines du régime général mais, au-delà, peut se voir confier par l'État des missions sur les conditions de travail du personnel des organismes de sécurité sociale ou sur tout sujet d'intérêt commun[2]. Il s'agit aussi de l'Union nationale des caisses d'assurance maladie (UNCAM) créée en 2004 et constituée de représentants des trois caisses nationales de la branche maladie[3]. Son rôle est de favoriser la réalisation des objectifs fixés par la politique de santé et par les lois de financement de la sécurité sociale en négociant des conventions avec les professionnels de santé. L'UNCAM assure aussi les relations des régimes obligatoires de base avec les organismes d'assurance maladie complémentaire et rend des avis motivés et publics sur les projets de loi et décret relatifs à l'assurance maladie. Sur le modèle de l'UNCAM, il existe depuis 1996 des unions régionales des caisses d'assurance maladie (URCAM) chargées de définir une politique territoriale de gestion du risque, notamment dans le domaine des dépenses de soins de ville, et de veiller à sa mise en œuvre[4]. À cette fin, elles peuvent promouvoir et évaluer des actions de coordination de soins et de bonne pratique par les professionnels de santé. Elles peuvent également passer des contrats avec des réseaux de professionnels de santé conventionnés exerçant à titre libéral.

1. Du moins aux trois premières puisque la branche famille est spécifique au régime général tout en versant des prestations à l'ensemble de la population.
2. Art. L224-5 CSS.
3. CNAMTS pour les travailleurs salariés, CANAM pour les indépendants, Caisse nationale de la MSA pour le régime agricole.
4. Art. L183-1 et s. CSS.

L'organisation du régime général combine déconcentration et décentralisation. Elle fait en effet apparaître des rapports hiérarchiques entre les organismes tout en reconnaissant une certaine autonomie aux organismes locaux.

Le niveau national est composé de cinq organismes. La Caisse nationale d'assurance maladie des travailleurs salariés (CNAMTS) gère les branches maladies et accidents du travail, régit le Fonds national de l'action sanitaire et sociale et le Fonds national de prévention, d'éducation et d'information sanitaire, et dirige le contrôle médical. La Caisse nationale d'assurance vieillesse des travailleurs salariés (CNAVTS) administre les assurances vieillesse et veuvage tout en conduisant l'action sanitaire et sociale destinée aux retraités. La Caisse nationale d'allocations familiales (CNAF) gère à la fois les prestations familiales, le fonds d'action sociale et, pour le compte de l'État, des prestations de solidarité (RMI). L'Agence centrale des organismes de sécurité sociale (ACOSS) gère les fonds des différentes branches et a vocation à clarifier la gestion des branches du régime général en individualisant la trésorerie de chaque branche et en établissant leur état prévisionnel. Enfin, il faut mentionner l'Union nationale des caisses de sécurité sociale, déjà citée au titre des organismes interrégimes, car elle joue un rôle spécifique dans la gestion des ressources humaines du régime général. Elle coordonne et participe à la mise en œuvre des politiques de formation, suit la gestion prévisionnelle de l'emploi et des effectifs, et détermine les politiques de recrutement du régime général.

Au niveau régional, les caisses régionales d'assurance maladie (CRAM) assument des tâches d'intérêt commun aux caisses primaires de leur circonscription. Elles développent et coordonnent la prévention des accidents du travail et des maladies professionnelles, et concourent à l'application des règles de tarification des accidents du travail et des maladies professionnelles et à la fixation des tarifs[1]. Elles possèdent à cette fin des pouvoirs d'enquête et d'expertise. Elles assurent enfin la liquidation et le service des pensions d'assurance vieillesse pour le compte de la CNAVTS.

C'est au **niveau local** que les organismes sont les plus nombreux (plus de 350). Il s'agit des caisses primaires d'assurance maladie (CPAM) compétentes

1. Art. L215-1 CSS.

pour immatriculer les assurés sociaux et verser les prestations des assurances maladie, maternité, décès, invalidité, accidents du travail et maladies professionnelles. Depuis l'instauration de la CMU, elles gèrent aussi, pour les bénéficiaires qui le souhaitent, le volet complémentaire de la CMU. Les CPAM ont encore une activité en matière d'action sociale et elles assurent la gestion et le versement des prestations supplémentaires qu'elles ont créées. De leur côté, les caisses d'allocations familiales (CAF) versent les prestations familiales, certaines prestations de solidarité constitutives de minima sociaux (RMI, AAH), ainsi que des prestations supplémentaires qu'elles ont instaurées au titre de leur action sociale (aides à l'équipement du logement, aux vacances, actions en faveur de l'insertion). Enfin, les unions de recouvrement des cotisations de sécurité sociale et allocations familiales (URSSAF) encaissent les cotisations, une partie de la CSG et de la CRDS, et se chargent des contrôles et contentieux qui s'y rapportent[1].

Même si les organisations administratives des autres régimes sont autonomes et distinctes, elles ne diffèrent pas radicalement de celle du régime général. Elles ont généralement en commun d'articuler plusieurs niveaux géographiques et de coïncider avec les grandes branches de la sécurité sociale. Seules les caisses de mutualité sociale agricole, organisées sous forme mutualiste et administrées par des conseils d'administration élus, se présentent comme un guichet unique assurant le service des assurances maladie, maternité, invalidité, vieillesse, accidents du travail, maladies professionnelles, et des prestations familiales.

2. L'administration et le personnel des caisses

L'institution de la sécurité sociale en 1945 n'a pas entraîné la refonte totale de l'organisation administrative mise en place à l'occasion des premières assurances sociales. À la suite de la tradition mutualiste, les caisses locales de sécurité sociale, bien que gérant un service public, sont restées des organismes privés. Les caisses nationales et l'ACOSS sont en revanche des établissements publics nationaux à caractère administratif.

1. Art. L213-1 CSS.

Les pouvoirs de gestion des caisses sont partagés entre le conseil d'administration et la direction de chaque caisse[1]. Les conseils d'administration sont composés paritairement d'administrateurs patronaux et salariés désignés par les organisations syndicales, de personnalités qualifiées issues d'autres secteurs de la vie économique et sociale désignées par l'État, et de représentants du personnel. Par ses délibérations, le conseil d'administration règle les affaires de l'organisme, oriente et contrôle l'activité de la caisse et se prononce sur les rapports qui lui sont soumis, notamment au sujet des relations avec les usagers et de l'action sanitaire et sociale. Il élabore le règlement intérieur de l'organisme, soumis à approbation ministérielle. Il contrôle l'application des normes légales, réglementaires, et de ses propres décisions par le personnel de la caisse. Le directeur[2] assure le fonctionnement de l'organisme sous le contrôle du Conseil d'administration et dispose de compétences propres. Il décide des actions en justice à intenter au nom de l'organisme, élabore les projets de budget, et a une compétence générale pour les décisions d'ordre individuel relatives aux personnes[3] (discipline, avancement, organisation du travail).

Le statut des agents des caisses est complexe. Dans les organismes nationaux qui sont des établissements publics à caractère administratif, le personnel est régi par des règles tantôt de droit public, tantôt de droit privé. Les directeurs des caisses nationales du régime général sont nommés par décret en Conseil des ministres. Dans les organismes locaux et régionaux qui sont des organismes de droit privé, les agents ont le statut de salarié. Ils sont soumis aux dispositions du Code du travail, sauf pour la grève et le cumul d'emplois où ils relèvent des règles de la fonction publique. Le directeur a aussi le statut de salarié, même s'il est soumis à une procédure de nomination spécifique : depuis 2003, il est nommé par le directeur général de la caisse nationale, le Conseil d'administration ayant un pouvoir d'opposition à la majorité quali-

1. Art. L231-1 et s. CSS. J.-P. Laborde, « La nouvelle organisation des caisses », *Dr. soc.* 1996. 799.
2. Art. L122-1 CSS.
3. Sauf pour les autres personnels de direction et pour l'agent comptable.

fiée des deux tiers de ses membres. Les agents de direction sont nommés par le directeur.

Depuis 1996, des conseils de surveillance sont placés auprès de chaque caisse nationale[1]. Leur rôle est d'améliorer le fonctionnement de la sécurité sociale en assurant le contrôle des objectifs fixés aux caisses nationales. Ils sont composés de parlementaires et d'élus locaux, de représentants des retraités et des professionnels de santé, et de personnalités qualifiées. Ils se réunissent au moins deux fois par an pour examiner les conditions d'exécution des conventions d'objectifs et de gestion.

III. L'intervention des pouvoirs publics

La mission de service public dont les organismes de sécurité sociale sont investis et l'importance considérable des fonds qu'ils gèrent explique l'intervention des pouvoirs publics. Celle-ci prend la forme d'un encadrement plus ou moins étroit, par la tutelle ou le recours à l'instrument conventionnel.

1. La tutelle

« La gestion des organismes de sécurité sociale est soumise au contrôle de l'État[2] ». Cet énoncé montre clairement que si les organismes de sécurité sociale bénéficient d'une autonomie administrative et financière, celle-ci s'exerce sous le contrôle des pouvoirs publics. Ce contrôle, justifié par le caractère de service public de la mission remplie par les caisses, s'exerce dans les domaines administratifs et financiers et fait intervenir plusieurs autorités de tutelle.

Au plan national, la Direction de la sécurité sociale, dépendant du ministère chargé de la sécurité sociale, et l'Inspection générale des Affaires sociales (IGAS) exercent un contrôle sur tous les organismes de sécurité sociale. De part leur objet et leurs modalités, ces contrôles sont variés. Ils portent sur la gestion et les décisions des conseils d'administration des caisses qui peuvent

1. Art. L228-1 CSS.
2. Art. L281-1 CSS.

être suspendues ou annulées lorsqu'elles sont de nature à compromettre l'équilibre financier des risques. Ils s'exercent aussi sur les règlements intérieurs élaborés et la nomination des agents de direction, et prennent alors la forme d'un agrément.

Toujours au plan national, la direction du budget, qui relève du ministère de l'économie et des finances, l'Inspection générale des finances et la Cour des comptes effectuent des contrôles *a priori* ou *a posteriori*. Les contrôles *a priori* concernent les dépenses de gestion administrative, action sanitaire et sociale, prévention, qui entrent dans les budgets des organismes régionaux et locaux, ces budgets devant pour leur part être approuvés par leur organisme national de rattachement. Les contrôles portent également sur les budgets des caisses nationales qui doivent être approuvés par les ministères chargés de la sécurité sociale et du budget. Quant aux contrôles *a posteriori*, ils concernent les comptes annuels des organismes de base qui sont soumis aux autorités administratives régionales. Ces autorités se prononcent à partir de l'avis donné par les COREC. La loi organique du 2 août 2005 renforce le rôle de la Cour des comptes en lui confiant l'élaboration d'un rapport annuel. Ce rapport doit se prononcer sur l'application des LFSS, présenter une synthèse des rapports des COREC et une analyse de l'ensemble des comptes des organismes de sécurité sociale.

Au plan régional, ce sont en principe les Préfets de région qui sont chargés du contrôle, mais les instructions ministérielles les invitent à donner délégation aux directeurs régionaux des Affaires sanitaires et sociales (DRASS) en raison de la technicité des questions à traiter. Ils peuvent annuler les décisions des organismes régionaux et locaux de sécurité sociale, et évaluer les conventions d'objectifs et de gestion (COG). Le Trésorier-payeur général et le Comité régional d'examen des comptes (COREC), dépendant de la Cour des comptes, sont également compétents.

2. L'instrument conventionnel

Depuis 1996[1], la démarche contractuelle est devenue une méthode de coopération entre les caisses de sécurité sociale et les pouvoirs publics, et elle est

1. Ordonnance n° 96-344 du 24 avril 1996 portant mesures relatives à l'organisation de la sécurité sociale.

apparue d'autant plus opportune qu'elle plaçait les uns et les autres devant leurs responsabilités respectives tout en les rendant partenaires[1]. Ainsi, les conventions d'objectifs et de gestions (COG) sont devenues l'outil par lequel le ministre chargé de la sécurité sociale, la CNAMTS, la CNAVTS, la CNAF et l'ACOSS s'engagent réciproquement à atteindre des objectifs pluriannuels concernant la mise en œuvre des dispositions législatives et réglementaires, l'amélioration de la qualité du service aux usagers, l'action sociale et la lutte contre les exclusions, et, pour la branche maladie, la démographie médicale, le médicament, le contrôle des prestations servies et les dépenses des soins de ville[2]. Les COG sont conclues pour une période minimale de trois ans. Elles sont à leur tour mises en œuvre par des contrats pluriannuels de gestion conclus entre chaque caisse nationale et l'ACOSS d'une part, et chacun de leurs organismes régionaux ou locaux d'autre part.

1. M. Laroque, « La contractualisation comme nouvelle technique de tutelle des organismes de sécurité sociale », *Regards EN3S* n° 28, 2005 ; O. Pujolar, *Le contrat en droit de la sécurité sociale*, Thèse Bordeaux IV, 2002.
2. Art. L227-1 et s. CSS ; Libault, « Réformer de l'intérieur la sécurité sociale : les conventions d'objectifs et de gestion », *Dr. soc.* 1997. 800 et s.

Chapitre 2

L'organisation financière

La simplicité et la logique voudraient que les recettes perçues par les régimes de sécurité sociale pour leurs différentes branches soient affectées aux dépenses qui en relèvent. Cela devrait entraîner une autonomie des régimes et des branches et interdire les transferts financiers. Pourtant, si l'autonomie des branches est relativement bien organisée dans le régime général, elle est loin de caractériser les rapports financiers entre les régimes, aujourd'hui bâtis sur la compensation par branche.

I. Les ressources de la sécurité sociale

Les ressources de la sécurité sociale se sont considérablement diversifiées ces dernières années. Compte tenu du grave déficit des comptes sociaux, les recettes traditionnelles issues des cotisations ont dû être complétées par d'autres, inédites, tirées de l'impôt. En outre, les difficultés financières de certains régimes et de certaines branches de la sécurité sociale ont entraîné l'instauration de mécanismes de compensation consistant dans des transferts financiers.

1. Les cotisations

Les ressources de la sécurité sociale reposent pour les deux tiers sur les cotisations qui sont versées soit par les salariés ou les employeurs, soit par les deux à la fois. Qu'elles soient salariales ou patronales, leur assiette est constituée par les revenus du travail. Dans le régime général, il s'agit de la rémunération, c'est-à-dire, selon l'article L242-1 du Code de la sécurité sociale, de toutes les sommes versées aux travailleurs en contrepartie ou à l'occasion du travail, notamment les salaires ou gains, les indemnités de congés payés, les indemnités, primes, gratifications et autres avantages en argent et en nature, les pourboires. Toutes les sommes versées en contrepartie ou à l'occasion du travail sont donc en principe soumises à cotisation, même si l'exonération des cotisations patronales est devenue un outil assez classique des politiques de l'emploi[1]. Ne sont exclues de l'assiette que certaines indemnisations, telle l'indemnité de licenciement, à certaines conditions, l'indemnisation de cessation d'activité, les frais professionnels, les sommes allouées au titre de l'intéressement ou de la participation et, dans certaines limites, les contributions des employeurs à des régimes complémentaires de prévoyance et aux plans d'épargne retraite.

L'assiette s'applique dans la double limite d'un plancher et d'un plafond. Elle ne peut être inférieure à un minimum correspondant au montant du SMIC[2], mais ne doit concerner la rémunération que dans la limite d'un certain montant[3]. Cette règle, à l'origine justifiée par le plafonnement des prestations, a progressivement cédé devant les difficultés financières des assurances sociales. Le « déplafonnement » étant un moyen d'augmenter les recettes de la sécurité sociale, il s'est progressivement propagé sans pour autant que les prestations soient déplafonnées. Aussi, le plafonnement ne concerne plus aujourd'hui que l'assurance vieillesse, en raison des régimes complémentaires obligatoires

1. La LFSS pour 2000 a créé le Fonds de financement de la réforme des cotisations patronales de sécurité sociale (FOREC) pour rembourser aux organismes de sécurité sociale certaines exonérations de cotisations patronales, comme celles liées à la réduction du temps du travail.
2. Ou du salaire minimum conventionnel s'il est supérieur.
3. Au 1er janvier 2006, le plafond est de 2 589 € par mois.

dont les cotisations sont justement appliquées sur la partie supérieure de la rémunération exclue de l'assiette.

La charge et le taux de la cotisation varient selon les régimes de sécurité sociale et les risques considérés. On s'en tiendra à l'exemple du régime général. Dans les assurances sociales, les cotisations sont toujours salariales et patronales[1] sans que les taux applicables aux unes et aux autres soient identiques[2]. En revanche, les cotisations d'accidents du travail et maladies professionnelles et celles d'allocation familiales sont à la charge exclusive des employeurs[3]. Si la justification est évidente pour les premières, le risque professionnel étant créé par l'activité de l'entreprise[4], elle est plus difficile pour les secondes puisque le bénéfice des prestations familiales, généralisé en 1978 à l'ensemble de la population, n'est plus l'apanage des travailleurs salariés.

Les cotisations sont précomptées par l'employeur et versées aux Unions pour le recouvrement des cotisations de sécurité sociale et d'allocations familiales (URSSAF). Les URSSAF et leurs inspecteurs du recouvrement ont compétence pour contrôler l'exécution par les employeurs et les travailleurs indépendants de leur obligation de cotiser. Quand cette obligation n'est pas exécutée, les URSSAF, après avertissement ou mise en demeure du débiteur défaillant, procèdent au recouvrement forcé des cotisations soit au moyen de la procédure accélérée dite de la contrainte, soit en saisissant le tribunal des affaires de sécurité sociale. Au niveau national, l'Agence centrale des organismes de sécurité sociale (ACOSS) regroupe l'activité des URSSAF et transfère les cotisations collectées au régime général. Elle procède aussi au recouvrement

1. La seule cotisation à être exclusivement salariale était l'assurance veuvage, supprimée par la loi de réforme des retraites de 2003. Cette cotisation de 0,1 % a été transférée à l'assurance vieillesse.
2. Cotisations salariales et patronales : maladie, maternité, invalidité, décès : 0,75 % et 12,80 % ; assurance vieillesse : 6,55 % et 8,20 % dans la limite du plafond, 0,10 % et 1,60 % sur la totalité du salaire.
3. Taux de 5,40 %.
4. Le taux de la cotisation est fixé par établissement, chaque établissement étant classé dans une catégorie de risque. Le taux moyen de cotisation est de 2,20 % en 2000. Des cotisations supplémentaires sont imposées en cas de faute inexcusable.

de certaines ressources fiscales (taxes sur les primes d'assurance automobile, alcools, tabacs…).

2. La fiscalisation

Si la Contribution sociale généralisée (CSG) n'est pas le premier prélèvement fiscal affecté au financement de la sécurité sociale, elle n'en est pas moins l'expression la plus symbolique de la fiscalisation. En effet, dès 1967, une contribution personnelle est créée à la charge des dirigeants de sociétés, pour être remplacée, en 1970, par la contribution sociale de solidarité des sociétés (C3S) assise sur le chiffre d'affaires et affectée à la branche maladie. C'est aussi en 1967 qu'une taxe sur les primes d'assurance automobile est créée, bientôt suivie d'autres sur les tabacs, les alcools, les boissons « premix », sur les publicités et produits pharmaceutiques, également affectées au financement de la branche maladie. Mais elles ont un caractère assez résiduel tant en raison de leur champ d'application, peu étendu, qu'en raison des sommes qu'elles représentent.

Créée par la loi de finances pour 1991, la CSG, qui n'a pas été qualifiée d'impôt proprement dit, mais qui fait partie des « impositions de toute nature[1] », a un champ d'application beaucoup plus vaste, tant en raison des revenus sur lesquels elle pèse qu'en raison des dépenses sociales auxquelles ses recettes sont affectées. La CSG participe en effet au financement des branches maladie, retraite et famille de la sécurité sociale, et synthétise quatre prélèvements particuliers dont les taux sont différents. Il s'agit de la CSG sur les revenus d'activité (7,5 %), la CSG sur les revenus de remplacement (3,8 %, 6,2 % ou 6,6 %), la CSG sur les revenus du patrimoine et sur les produits de placement (8,2 %), et la CSG sur les sommes engagées ou les produits réalisés à l'occasion des jeux (de 9,5 % à 12 %).

Par ailleurs, l'ordonnance du 24 janvier 1996 a créé la contribution au remboursement de la dette sociale (CRDS) dont le produit est affecté à la Caisse d'amortissement de la dette sociale (CADES). Grâce à ces fonds, cette caisse doit rembourser la dette sociale en émettant des emprunts à moyen et long

1. CC, 19 déc. 1996, *RJS* 1997, n° 89.

terme sur les marchés financiers. Pour éviter l'augmentation infinie des dettes dont la CADES doit répondre et ne pas accroître la durée de l'amortissement, la loi organique du 2 août 2005 impose que tout nouveau transfert de la dette à cette caisse soit accompagné d'un transfert de recettes. Compte tenu de l'état de la dette, cette contribution créée à titre temporaire semble bien s'être installée durablement dans le paysage de la sécurité sociale. Son taux est de 0,5 % et elle a, depuis 1997, la même assiette que la CSG.

3. Les transferts financiers

Les déséquilibres économiques et démographiques qui affectent les régimes de sécurité sociale ont conduit à instituer des mécanismes de compensation qui rendent ces régimes solidaires sur le plan financier et qui consistent dans des transferts de fonds. Plusieurs techniques sont mises en œuvre et se superposent.

L'intégration financière. Elle conduit le régime général à absorber dans ses comptes les soldes des branches de certains régimes (maladie du régime étudiant, accident du travail des mineurs, retraite et maladie des ministres du culte, maladie des militaires…).

Les compensations bilatérales. Leur champ d'application est doublement limité. Elles ne concernent que les dépenses représentées par les prestations en nature maladie et maternité. Elles ne sont effectuées qu'entre le régime général et des régimes spéciaux (SNCF, mines, gens de mer, RATP, Banque de France, clercs de notaires). Le critère de la compensation est tiré du mode de calcul des cotisations et des prestations du régime général : s'il fait apparaître un déficit dans un régime, le régime général compense.

La compensation démographique généralisée. Elle concerne les régimes qui ont plus de 20000 actifs cotisants et retraités pour les charges résultant des prestations en nature des assurances maladie et maternité, et des droits propres aux assurances vieillesse. Seuls les régimes des salariés et ceux des indépendants sont concernés. Des calculs complexes sont effectués en raisonnant à partir d'un régime fictif, des cotisations qu'il percevrait et des prestations qu'il liquiderait, et permettent de déterminer quels sont les régimes qui doivent bénéficier de la compensation.

La surcompensation entre les régimes spéciaux. La loi de réforme des retraites de 2003 prévoit que ce mécanisme, créé en 1992, disparaîtra en 2012. La surcompensation consiste en des transferts des régimes spéciaux suréquilibrés (fonctionnaires de l'État, collectivités locales, EDF-GDF) vers les régimes spéciaux déficitaires (marins, mines, SNCF). Cette technique doit permettre à l'État de diminuer les dépenses de subventions d'équilibre qu'il verse chaque année aux régimes déficitaires.

La loi du 21 août 2003 a institué une Commission de compensation auprès du ministre chargé de la sécurité sociale. Elle est consultée pour avis sur la fixation des soldes de la compensation généralisée et elle contrôle les informations quantitatives fournies par les régimes pour servir de base aux calculs.

II. La gestion financière de la sécurité sociale

La combinaison des articles 34 et 37 de la Constitution de 1958 réduisait initialement la compétence du Parlement aux « principes fondamentaux » de la sécurité sociale et réservait les prérogatives financières au pouvoir réglementaire. La loi constitutionnelle du 22 février 1996 a complété cette répartition en créant une nouvelle catégorie de normes : la loi de financement de la sécurité sociale (LFSS). Ce texte, parfois vu comme le signe du renforcement de l'étatisation de la sécurité sociale, redistribue les compétences au sein de l'État, du pouvoir exécutif vers le pouvoir législatif.

1. Les lois de financement de la sécurité sociale

« Les lois de financement de la sécurité sociale déterminent les conditions générales de son équilibre financier et, compte tenu de leurs prévisions de recettes, fixent ses objectifs de dépenses, dans les conditions et sous les réserves prévues par une loi organique[1] ». La loi organique votée le 22 juillet 1996 énonce que la LFSS approuve les orientations de la politique de santé et de sécurité sociale et les objectifs qui déterminent les conditions générales de

1. Nouvel alinéa de l'article 34 de la Constitution issu de la loi constitutionnelle de 1996, art. LO11-3 et s. CSS ; J.-.M Bélorgey, « À quoi servent les lois de financement de la Sécurité sociale ? », *Dr. soc.* 1998. 807 ; Ceccaldi, « Une grande première : la loi de financement de la sécurité sociale », *TPS* 1997. 3.

l'équilibre financier de la sécurité sociale. Elle prévoit, par catégorie, les recettes des régimes obligatoires de base et des organismes qui concourent à leur financement. La LFSS fixe aussi les objectifs de dépenses par branche pour l'ensemble des régimes obligatoires[1]. La LFSS a donc une fonction essentielle sur le plan de la pratique comme sur celui des principes, d'autant que le Conseil constitutionnel a conféré à l'équilibre financier de la sécurité sociale le caractère d'une exigence de valeur constitutionnelle[2]. Pourtant, malgré ses compétences en apparence très étendues, la LFSS n'a qu'un pouvoir assez limité. L'objectif de dépenses qu'elle fixe au moyen de l'objectif national des dépenses d'assurance maladie (ONDAM) n'est qu'une limite indicative, non assortie de sanctions. De plus, concernant les recettes, la détermination du taux des cotisations reste de la compétence du pouvoir réglementaire.

Aussi, le dépassement des objectifs de dépenses étant devenu habituel, le Parlement a pris des mesures pour revenir à plus de rigueur. Depuis 2005, les caisses nationales d'assurance maladie doivent transmettre au ministre chargé de la sécurité sociale, chaque année avant le 30 juin, des propositions de dépenses et de recettes pour l'année suivante, dans le respect des objectifs de santé publique, afin d'atteindre l'objectif prévu par le cadrage pluriannuel des dépenses d'assurance maladie. De plus, le Comité d'alerte sur les dépenses d'assurance maladie, placé auprès de la commission des comptes de la sécurité sociale, rend chaque année si nécessaire, avant le 1er juin, un avis sur le respect de l'objectif des dépenses de santé. Ces obligations viennent structurer un véritable dispositif « de vigilance et d'alerte[3] », favorable au respect des objectifs fixés par les LFSS. Enfin, la loi organique du 2 août 2005 a réformé en profondeur les règles relatives à la préparation, au contenu, au vote et au suivi des LFSS. Elle a élargi leur champ aux questions de la dette sociale, des recettes et des dépenses de tous les régimes obligatoires, quel que soit le nombre de leurs cotisants, et leur a conféré la dimension pluriannuelle

1. Le seuil de 20 000 assurés, initialement posé, a été supprimé par la loi organique du 2 août 2005.

2. Cons. const. 18 déc. 1997, *Dr. soc.* 1998. 164, note X. Prétot.

3 Selon les termes de J.-J. Dupeyroux, M. Borgetto et R. Lafore, *Droit de la sécurité sociale*, Dalloz, 2005, n° 1133.

qui leur faisait défaut. La LFSS comporte désormais quatre parties et comprend des dispositions relatives au dernier exercice clos, à l'année en cours, aux recettes, aux dépenses et à l'équilibre général pour l'année à venir. La LFSS pour 2006 respecte cette nouvelle architecture[1], propice à la clarté. On y apprend que l'ensemble des régimes obligatoires de base de Sécurité sociale a un solde déficitaire de 11,5 milliards d'euros, pour le dernier exercice clos (2004) et qu'il devrait être de 11,9 milliards pour l'année 2005[2].

2. La volonté de maîtriser les dépenses de sécurité sociale

Les dépenses exponentielles de la sécurité sociale mettent en danger son avenir. Le déficit abyssal de la branche maladie et les difficultés prévisibles de la branche vieillesse ont conduit les pouvoirs publics à être particulièrement actifs en ces deux domaines.

A. Le problème des dépenses de santé

« La santé n'a pas de prix, mais elle a un coût ». Cette phrase illustre assez bien les contraintes auxquelles est confrontée l'assurance maladie et l'étau dans lequel elle se trouve. Cette assurance sociale doit en effet à la fois contribuer à ouvrir largement l'accès aux soins et éviter l'excès de soins car, générateur de lourdes dépenses, il hypothèque lourdement son avenir. Aussi, l'un des axes majeurs de la politique de santé concerne directement l'assurance maladie et consiste dans la maîtrise des dépenses de santé. Plusieurs voies sont explorées à cette fin. Les pouvoirs publics ont tenté d'agir sur l'offre de soins avec des mesures destinées à influencer la démographie médicale (*numerus clausus* pour les études médicales et pharmaceutiques, départs anticipés à la retraite des médecins) et de réguler les dépenses ambulatoires avec le concours des professionnels de santé, surtout à partir de 1990[3].

1. LFSS pour 2006 du 19 déc. 2005.
2. Dont 11,6 milliards pour la seule branche maladie.
3. A.-M. Brocas, « La maîtrise des dépenses dans le secteur de la santé après la loi du 4 janvier 1993 », *Dr. soc.* 1993. 235.

La maîtrise des dépenses de santé est donc médicale et financière. La maîtrise médicalisée est passée par l'adoption de références médicales opposables (RMO) qui stigmatisent des thérapeutiques inutiles que les professionnels de santé doivent abandonner, sous peine de sanction. Les RMO, qui permettent d'évaluer les médecins, sont complétées par des recommandations de bonne pratique. La maîtrise financière a conduit à l'adoption d'objectifs quantifiés nationaux (OQN) qui consistent dans des taux annuels de progression des dépenses déterminés par les professionnels de santé et les caisses nationales d'assurance maladie. Ces dispositifs, peu efficaces, ont été complétés par les conventions d'objectifs et de gestion (COG) à partir de 1996. Conclues entre l'autorité compétente de l'État et la Caisse nationale d'assurance maladie pour la branche maladie[1], elles donnent les orientations pluriannuelles de l'action du gouvernement dans les domaines de la santé publique, de la démographie médicale, du médicament et de la lutte contre l'exclusion en matière d'accès aux soins. Un avenant annuel détermine l'objectif prévisionnel des dépenses de soins de ville en fonction de l'objectif annuel de dépenses d'assurance maladie votée par le Parlement. Il existe donc une articulation étroite entre les COG et les LFSS.

Votée chaque année à la fin du mois de décembre, la LFSS fixe en effet l'objectif national de dépenses d'assurance maladie (ONDAM), opposable aux professionnels de santé. Compte tenu de la croissance très forte des dépenses de santé et du constant dépassement de l'ONDAM, la loi de réforme de l'assurance maladie du 13 août 2004 a créé de nouveaux mécanismes de régulation et la loi organique du 2 août 2005 prévoit que la LFSS décline l'ONDAM en sous-objectifs. Ainsi, chaque caisse nationale d'assurance maladie transmet annuellement au ministre chargé de la sécurité sociale et au Parlement des propositions sur l'évolution de ses charges et de ses produits pour l'année suivante et sur les mesures nécessaires pour atteindre l'équilibre[2]. Le comité d'alerte sur l'évolution des dépenses de l'assurance maladie, prévient le Parlement, le Gouvernement et les caisses nationales d'assurance maladie en cas d'évolution des dépenses incompatibles avec le respect de l'objectif

1. Art. L227-1 CSS.
2. Art. L111-11 CSS.

national voté par le Parlement. Chaque année, avant le 1er juin et si nécessaire, le comité d'alerte rend un avis sur le respect de l'ONDAM pour l'exercice en cours. Il analyse l'impact des mesures conventionnelles et les déterminants conjoncturels et structurels des dépenses de l'assurance maladie. Quand il estime sérieux le risque de dépassement, il le notifie au Parlement, au Gouvernement et aux caisses nationales d'assurance maladie, afin que ces dernières proposent des mesures de redressement sur lesquelles il rend un avis.

B. La question du financement des retraites

Même si la diversité des régimes de sécurité sociale donne une impression de fragmentation, les prestations d'assurance vieillesse sont financées selon la même technique, celle de la répartition. Les cotisations sont prélevées sur le revenu des actifs et reversées sous forme de pensions aux retraités. La viabilité du système repose donc sur l'équilibre entre le nombre des cotisants et celui des retraités. Or, les projections démographiques montrent que la population française vieillit[1]. La part des plus de 60 ans passerait de 20,6 % de la population en 2000 à 31 % en 2030. Leur nombre devrait augmenter de 7 millions d'ici à 2030, avec une croissance forte des personnes très âgées. L'espérance de vie à 65 ans a du reste déjà notablement progressé puisqu'elle est de 80 ans pour les hommes et de 85,3 ans pour les femmes[2].

Pour répondre à cette situation préoccupante, le législateur s'est engagé dans la voie des réformes. Non seulement il a sensiblement modifié, en 1993 et 2003[3], le mode de calcul des prestations de vieillesse, mais il a créé des fonds destinés à recueillir les sommes nécessaires au paiement des pensions. La réforme de 1993 a ainsi procédé à la création du Fonds de solidarité vieillesse

1 Rapport du Conseil d'orientation des retraites, 2002.

2. À la naissance, 75,2 ans pour les hommes, 82,7 ans pour les femmes. La prolongation des projections à 2050 montre que l'effectif des 60 ans sera double de celui de 2000, celui des 75 ans triple, et celui des 85 ans quintuple.

3. Voir *assurance vieillesse*.

(FSV) pour assurer le paiement des pensions non contributives et la compensation des cotisations non payées par les chômeurs[1]. La LFSS pour 1999 a ensuite créé, au sein du FSV, le Fonds de réserve des retraites (F2R) qui doit accumuler des ressources pour faire face au paiement des retraites après 2020. Il est notamment alimenté par une partie du solde de la C3S, le résultat excédentaire de la CNAV, et une partie de la contribution de 2 % sur les produits de placement et les revenus du patrimoine. C'est un fonds de capitalisation géré par la Caisse des dépôts et consignations. Il est bloqué afin de constituer une réserve de 152,45 milliards d'euros en 2020. Enfin, deux instances d'observation ont été créées, en 2000 et 2003. Le Conseil d'orientation des retraites (COR) est chargé de décrire les évolutions et les perspectives à moyen et long terme des régimes de retraite obligatoire, d'apprécier les conditions de leur viabilité financière et de mener une réflexion sur le financement[2]. La commission de garantie des retraites (CGR) constate l'évolution respective des durées d'assurance ou de services nécessaires pour bénéficier d'une pension de retraite à taux plein ou obtenir le pourcentage maximum d'une pension civile ou militaire[3].

1. Le FSV est financé par une augmentation de la CSG.

2. Art. L114-2 CSS.

3. Art. L114-4 CSS.

Chapitre 3

L'organisation contentieuse

Le contentieux de la sécurité sociale est original. S'il peut sembler disparate et peu unitaire, c'est qu'il reflète les multiples facettes d'une matière placée à l'intersection des droits public et privé, posant à la fois des problèmes classiques d'application et d'interprétation des normes et des questions d'ordre technique plus singulières. On distingue ainsi le contentieux général et le contentieux spécial, tous deux confiés à des juridictions spécifiques. Les juges civil, administratif et pénal conservent par ailleurs leur compétence habituelle.

I. Le contentieux général de la sécurité sociale

« Le contentieux général de la sécurité sociale recouvre les différends auxquels donne lieu l'application des législations et réglementations de sécurité sociale et de mutualité sociale agricole, et qui ne relèvent pas, par leur nature, d'un autre contentieux[1] ». Ce contentieux est confié à des juridictions spécialisées de l'ordre judiciaire devant lesquelles la procédure, tout en respectant les principes clés du procès civil, connaît quelques particularismes.

1. Art. L142-1 CSS. F. Taquet, *Le contentieux de la sécurité sociale*, Litec, 1993 ; *L'avenir des juridictions spécialisées dans le domaine social*, Étude adoptée le 4 déc. 2003 par l'Assemblée nationale du Conseil d'État, La Documentation française, 2004.

1. Les juridictions

La juridiction compétente en première instance est le tribunal des affaires de sécurité sociale (TASS). Ce tribunal, dont la composition est renouvelée tous les trois ans, est présidé par un magistrat du siège du tribunal de grande instance dans le ressort duquel le TASS a son siège. Il comprend aussi deux assesseurs, l'un représentant les travailleurs salariés, l'autre les employeurs et les travailleurs indépendants. Les assesseurs appartiennent aux professions agricoles quand le litige intéresse ces professions, aux professions non agricoles dans le cas contraire. En cas de litige relatif à l'assujettissement au régime agricole, le nombre des assesseurs est doublé afin que les représentations salariés et employeurs soient issues des professions agricoles et non agricoles.

Les jugements rendus par le TASS sont susceptibles d'appel ou de pourvoi en cassation quand ils ont été rendus en premier et dernier ressort. Les juridictions compétentes sont alors les juridictions de droit commun. Il s'agit de la Chambre sociale de la cour d'appel et, pour l'examen du pourvoi, de la deuxième Chambre civile de la Cour de cassation[1].

2. La procédure

La procédure contentieuse est nécessairement précédée d'un recours gracieux. La réclamation portée contre la décision d'un organisme de sécurité sociale ou de mutualité sociale agricole doit être soumise à la **commission de recours amiable** constituée au sein du Conseil d'administration de chaque organisme. La saisine doit intervenir dans les deux mois de la décision. La commission donne un avis motivé au Conseil d'administration de l'organisme qui rend alors sa décision, à moins qu'il ait donné délégation à la commission pour le faire. Si la commission rejette ce recours gracieux, le requérant peut saisir le TASS.

Le **TASS** est saisi par simple requête déposée au secrétariat ou adressée au secrétaire par lettre recommandée avec accusé de réception, dans un délai de deux mois à compter de la notification de la décision et d'un mois en cas de défaut de réponse à la demande du requérant. Le secrétariat du tribunal

1 Depuis un décret du 1er mars 2003.

convoque les parties par lettre recommandée avec demande d'avis de réception. Lors de l'audience, les parties comparaissent personnellement ou se font représenter, ou assister, par leur conjoint, un ascendant ou descendant en ligne directe, un travailleur qui exerce une activité professionnelle de même nature. Le TASS peut recueillir les éléments d'information utiles auprès du directeur régional des Affaires sanitaires et sociales et du chef du service régional de l'inspection du travail, de l'emploi et de la politique sociale agricole. Il peut encore ordonner un complément d'instruction, prescrire une enquête ou une consultation, demander une expertise, même en cours d'instance.

L'appel doit être interjeté devant la **Chambre sociale de la cour d'appel** dans le délai d'un mois à compter de la notification du jugement. L'arrêt d'appel peut faire l'objet d'un pourvoi en cassation, dans un délai de deux mois à compter de sa notification.

II. Les contentieux spéciaux

Ce sont les contentieux les plus difficiles d'accès pour les non spécialistes car ils sont sans équivalent dans les autres branches du droit. De plus, leur appellation par le Code de la sécurité sociale, peu lisible, favorise les confusions.

1. Le contentieux technique

Il s'agit du contentieux de l'invalidité, de l'incapacité et de l'inaptitude. Il porte sur des questions d'ordre médical. Il consiste à trancher des contestations portant sur l'état ou le degré d'incapacité, sur son caractère permanent, ou sur la réalité de l'inaptitude au travail. Pour cette raison, il est soumis à des juridictions spécialisées, composées selon le principe de l'échevinage.

Les tribunaux du contentieux de l'incapacité sont compétents en première instance. Ils sont présidés par un magistrat honoraire de l'ordre administratif ou judiciaire et composés de deux assesseurs représentant les salariés, les employeurs et les travailleurs indépendants. L'appel des décisions est interjeté dans le délai de 1 mois devant la Cour nationale de l'incapacité et de la tarification des accidents du travail, composée comme les juridictions du premier degré.

Ce contentieux doit être nettement distingué du désaccord qui peut survenir entre le médecin traitant de l'assuré et le médecin conseil de la caisse et qui donne lieu à une expertise médicale, l'avis de l'expert s'imposant à l'intéressé et à la caisse. Cette procédure est destinée à prévenir le contentieux technique.

2. Le contentieux de la tarification des accidents du travail

Ce contentieux relève de la Cour nationale de l'incapacité et de la tarification de l'assurance des accidents du travail (CNITAT). Cette juridiction de l'ordre judiciaire est présidée par un magistrat du siège de la cour d'appel dans le ressort de laquelle la CNITAT a son siège (Amiens), et composée d'assesseurs représentant les travailleurs salariés d'une part, les employeurs ou travailleurs indépendants d'autre part. Elle connaît des appels formés contre les décisions rendues en première instance par les tribunaux de l'incapacité, et en premier et dernier ressort des décisions relatives aux taux des cotisations accidents du travail et maladies professionnelles dues par les employeurs[1]. Ses décisions peuvent être attaquées devant la Cour de cassation.

3. Le contentieux du contrôle technique ou contentieux disciplinaire des professionnels de santé

Les professionnels de santé sont amenés à coopérer avec les organismes de sécurité sociale pour mettre en œuvre des politiques sociales[2]. Les fautes, abus, fraudes qui peuvent être relevés à leur encontre, ainsi que tous les faits qui intéressent l'exercice de la profession, sont soumis en première instance à une section de la Chambre disciplinaire de la profession concernée (médecins, chirurgiens-dentistes, sages-femmes, masseurs-kinésithérapeutes). Conformément au principe du double degré de juridiction, un appel peut être interjeté devant une section de la Chambre disciplinaire nationale dite section disciplinaire des assurances sociales du Conseil national de l'ordre des médecins (ou des chirurgiens-dentistes, des sages-femmes ou des masseurs-kinésithé-

1. Le taux de cette cotisation est majoré en fonction de la fréquence de la survenance du risque dans l'entreprise ou dans la branche d'activité à laquelle l'entreprise appartient.
2. S. Julliot-Bernard, « Les nouveaux contentieux des professions de santé », *Dr. soc.* 1996. 840.

rapeutes). Les sanctions qui peuvent être prononcées par ces juridictions sont graduées. Il s'agit de l'avertissement, du blâme, avec ou sans publication, de l'interdiction temporaire ou permanente de donner des soins médicaux, et, en cas d'abus d'honoraires, du remboursement à l'assuré du trop-perçu ou du reversement aux organismes de sécurité sociale du trop remboursé.

III. La compétence réduite des juridictions de droit commun

Les juridictions civiles, répressives et administratives conservent une compétence résiduelle, soit par délégation expresse du droit de la sécurité sociale, soit par application des principes généraux du droit judiciaire. Ainsi, les tribunaux d'instance sont compétents pour certains contentieux particuliers de la sécurité sociale (contestations électorales, obligations alimentaires, exécution des décisions des juridictions de sécurité sociale), et les tribunaux de grande instance connaissent des actions qui relèvent du droit de la responsabilité civile (recours des caisses contre les tiers responsables, actions en réparation des victimes d'accident du travail ou maladie professionnelle contre leur employeur ou copréposé auteur d'une faute intentionnelle).

De leur côté, les juridictions de l'ordre répressif conservent leur compétence naturelle pour juger les infractions pénales au droit de la sécurité sociale. Il s'agit par exemple des violations des obligations administratives ou financières (non-paiement de cotisations, non-immatriculation d'un travailleur), des fraudes et fausses déclarations qui permettent de percevoir des prestations indues, et des délits commis par les professionnels de santé dans l'exercice de leur activité. Ces infractions relèvent des tribunaux de police ou des tribunaux correctionnels.

Enfin, les juridictions de l'ordre administratif conservent leur compétence pour le contentieux qui leur incombe par nature. Elles sont seules compétentes pour connaître des litiges nés de l'intervention de l'État dans l'exercice de son pouvoir réglementaire et qui peuvent donner lieu à recours pour excès de pouvoir. Les tribunaux administratifs reçoivent le contentieux des actes à caractère réglementaire des organismes de sécurité sociale (circulaires, instructions, délibérations purement réglementaires du Conseil d'administration de l'organisme). Les juridictions sont encore compétentes pour connaître de l'action en responsabilité engagée à l'encontre d'un organisme de sécurité sociale en raison des fautes commises dans l'instruction et le service de certaines allocations (RMI, allocation personnalisée au logement), et pour juger les recours contre le tiers responsable lorsque ce dernier est une personne morale de droit public.

Partie 2

LA COUVERTURE PAR LA SÉCURITÉ SOCIALE

Si le régime général est souvent présenté comme le régime phare de la sécurité sociale, c'est bien sûr parce qu'il couvre les deux tiers de la population mais aussi parce qu'en versant des prestations dont le niveau est moyen par rapport à celui des prestations des autres régimes, il permet d'avoir une idée assez juste de la couverture organisée par la sécurité sociale, au moins pour les risques sociaux et les charges de famille.

Chapitre 1

Le champ d'application du régime général

Le champ d'application du régime général présente deux dimensions : la première est personnelle, la seconde territoriale. La dimension personnelle conduit à identifier les personnes affiliées au régime général. La dimension territoriale demande de déterminer en quels territoires les prestations peuvent être versées.

I. Le champ d'application personnel du régime général

Hétérogène. Voilà le qualificatif sans doute le mieux adapté pour aborder le champ d'application personnel du régime général. En effet, ce régime concerne des personnes différentes pour les risques sociaux, les risques professionnels, et les prestations familiales. Alors que pour le bénéfice de ces dernières, la résidence régulière sur le sol français suffit[1], la couverture des risques sociaux et professionnels est en principe réservée aux travailleurs dépendants et à leurs ayants droit. Malgré tout, en raison du rôle particulier qu'il joue dans la généralisation de la couverture sociale, le régime général accueille aussi les personnes sans régime obligatoire, faute d'avoir une activité professionnelle ou d'être ayant droit. La couverture des personnes « accueillies » n'est cependant pas

1 Art. L512-1 CSS.

identique à celle des assurés « naturels » du régime général, car elles peuvent mesurer leur intégration au régime général en choisissant le risque assuré.

1. Les personnes assujetties au régime général

Les premières assurances sociales ne s'adressaient pas à tous les salariés. Seuls ceux dont les salaires étaient inférieurs à un montant appelé plafond d'affiliation étaient concernés. La couverture sociale était destinée aux salariés les moins rémunérés, dépourvus de capacité contributive suffisante pour épargner ou financer seuls une prévoyance pour faire face aux conséquences économiques du risque. Ainsi, le décret loi du 28 octobre 1935 réservait les assurances sociales aux personnes travaillant à quelque titre que ce soit pour un ou plusieurs employeurs, quand leur rémunération totale ne dépassait pas 15 000 F. En 1945, le plafond a été abandonné, mais l'esprit dans lequel les assurances sociales avaient été créées est resté. Le régime général s'adresse avant tout aux travailleurs salariés et à ceux qui travaillent pour un employeur : les travailleurs dépendants et ceux qui y sont assimilés.

A. *Les travailleurs dépendants*

La définition générale du travailleur dépendant résulte de l'article L311-2 du Code de la sécurité sociale. Ce texte d'ordre public la fonde sur trois critères : le lien de subordination, la rémunération, la convention. Ces critères sont cumulatifs, mais il est difficile de les placer exactement sur le même plan. Le critère de la subordination juridique, sans doute le plus subtil, est déterminant par rapport aux deux autres, plus faciles à satisfaire en raison de la formulation du texte.

a. Le critère déterminant : la subordination juridique

C'est l'accomplissement d'un travail pour le compte d'autrui, selon ses directives, qui caractérise le travail dépendant. Ce sont les circonstances de fait, non la qualification juridique retenue par les parties, qui sont déterminantes. Les juges du fond recourent à la technique du faisceau d'indices. Sous le contrôle de la Cour de cassation, ils recherchent les éléments de fait concluants pour caractériser la subordination juridique. Ils utilisent trois séries d'indices, tantôt alternatifs, tantôt complémentaires, pour adapter leur appréciation à la diversification des formes de travail. Il s'agit de l'autorité de l'employeur, de l'intégration dans un service organisé, et d'indices de nature économique qui permettent d'identifier quelle personne supporte le risque de l'activité.

L'autorité de l'employeur. Elle se manifeste par les directives, le contrôle effectif du travail, l'exercice du pouvoir disciplinaire et la détermination des conditions matérielles du travail (lieu de travail, horaires, fourniture de matériel[1]...). La plupart du temps, ces éléments caractérisent aussi l'existence d'un contrat de travail. Le pouvoir de diriger et de contrôler est apprécié de façon plus ou moins exigeante selon la nature de l'emploi. Il peut s'agir de consignes très précises pour l'ouvrier, d'objectifs annuels pour le cadre.

L'intégration dans un service organisé. L'exercice de certaines professions, en raison de leurs spécificités, est incompatible avec l'application classique de l'autorité de l'employeur sur l'exécution du travail. Ainsi en est-il des médecins, formateurs, conseillers techniques, sportifs... Si l'employeur n'intervient pas pour donner des ordres ou des directives concernant la tâche à accomplir, il n'en demeure pas moins que ces professionnels peuvent travailler pour le compte d'autrui. Depuis l'arrêt Hebdo Presse rendu par l'Assemblée plénière le 18 juin 1976[2], l'intégration du travailleur dans un service organisé est devenu un indice de la subordination juridique, permettant de la caractériser là où l'autorité de l'employeur est inopérante. Faisant l'objet d'applications jurisprudentielles très nombreuses, la notion a permis d'assujettir au régime général des personnes dont la situation de dépendance était avérée, même si leur relation de travail était atypique du point de vue de l'autorité de l'employeur. Elle a néanmoins donné lieu à des arrêts peu rigoureux et à des requalifications contestables[3], avant que la Chambre sociale revienne à une

1. La dépendance demeure quand le travailleur, bien que propriétaire de son instrument de travail, est soumis à des impératifs tels qu'il perd toute autonomie. Pour un transporteur propriétaire de son camion, Soc. 3 déc. 1986, *D.* 1987, som. 159.
2. Ass. pl. 18 juin 1976, *D.* 1977. 173, note Jeammaud, *JCP* 1977. II. 18659, note Saint-Jours.
3. A. Arseguel, Ph. Isoux, « Des limites à la dérive de la notion de service organisé », *Dr. soc.* 1992. 295.

interprétation plus stricte. En 1993, elle a posé que le lien de subordination est caractérisé par l'exécution d'un travail sous l'autorité de l'employeur qui a le pouvoir de donner des ordres, des directives, d'en contrôler l'exécution et de sanctionner les manquements de son subordonné. Ainsi, le travail au sein d'un service organisé peut constituer un *indice* du lien de subordination à condition que l'employeur détermine *unilatéralement* les conditions d'exécution du travail. Depuis cet arrêt, les juges sont revenus à une conception plus exigeante de l'intégration dans un service organisé et ils prennent soin de démontrer le caractère unilatéral de la détermination des conditions du travail[1].

Les indices de nature économique. Il est des cas où la mise en évidence de l'intégration dans un service organisé ne suffit pas à déterminer la nature de l'activité professionnelle. Les juges recherchent alors si le travailleur intégré dans le service organisé supporte le risque économique de son activité et, symétriquement, en retire des profits si elle est lucrative. Les indices de nature économique viennent alors préciser l'intégration dans un service organisé. Ils confirment la subordination juridique qui semblait résulter de l'intégration dans le service organisé si le travailleur accomplit l'activité litigieuse pour un autre. Ils l'infirment quand le travailleur, en profitant de son activité ou en assumant ses risques économiques, se trouve dans la situation d'un indépendant. L'indice économique vient se conjuguer avec celui du service organisé pour le corroborer[2] ou l'infirmer[3], ce qui témoigne du souci du juge de ramener la notion de travail dépendant à la réalité de la vie professionnelle.

1. Soc. 13 nov. 1996, *Dr. soc.* 1996. 1067, note J.-J. Dupeyroux ; Soc. 20 mai 1999, *RJS* 1999, n° 962 ; Civ. 2e, 27 janv. 2004, *TPS* 2004, comm. 119.
2. Est assujetti au régime général le dessinateur usant du matériel de l'entreprise, astreint à un horaire, rémunéré en fonction du nombre d'heures effectuées, qui reçoit des directives générales et n'assume pas personnellement les risques de malfaçons, Soc. 4 oct. 2001, *RJS* 2001, n° 1454.
3. Ne sont pas assujetties des infirmières qui, rémunérées au pourcentage du chiffre d'affaires qu'elles rapportent, participent au risque financier de leur activité, Soc., 23 janv. 1997, *RJS*, n° 325.

b. La rémunération

Ce deuxième critère du travail dépendant est nécessaire à l'assujettissement au régime général[1] car la personne qui effectue un travail sans contrepartie est un bénévole. La rétribution ne prend pas forcément la forme d'un salaire et le travailleur dépendant n'est pas forcément un travailleur salarié. La rédaction de l'article L311-2 invite à la plus grande souplesse. La rémunération peut être en nature ou en espèces, peu importent son montant, son mode de calcul (à l'heure, à la tâche, au forfait…) et sa périodicité (à la semaine, au mois, au trimestre…). Le nom donné par les contractants à la rétribution est elle-même sans importance (commission, honoraires, participation aux bénéfices…), les contractants étant justement enclins à éviter le terme *salaire* pour dissimuler la nature véritable de la relation de travail. Quelle qu'elle soit, la rétribution doit être la contrepartie d'un travail effectif : sa seule existence est insuffisante pour caractériser le travail dépendant[2].

c. Le contrat

Selon une jurisprudence constante, les personnes salariées ou travaillant à quelque titre que ce soit pour un ou plusieurs employeurs ne sont affiliées obligatoirement aux assurances sociales que si elles sont liées à l'employeur par un contrat. En raison du lien de subordination et de la rémunération, il s'agit le plus souvent d'un contrat de travail. Mais, compte tenu des termes de l'article L311-2 qui n'imposent aucune condition de forme, de nature ou de validité, il peut s'agir de toute convention. L'existence d'un contrat est néanmoins indispensable. Aussi, même si les deux premiers critères du travail dépendant sont réunis, l'absence de contrat rend l'assujettissement impossible[3]. De nombreux arrêts illustrant cette exigence ont été rendus au sujet de religieux qui, tout en étant rémunérés et subordonnés, exerçaient leur activité en vertu d'un vœu d'obéissance, indépendamment de tout contrat[4].

1 Ch. réunies, 26 juin 1966, *Bull. civ.* n° 4.

2 Soc. 29 mars 1990, *RJS* 1990, n° 423 ; Soc. 14 mars 1996, *RJS* 1996, n° 445.

3. Ass. pl. 17 déc. 1966, *Dr. soc.* 1966. 97 ; Ch. mixte 26 mai 1972, *JCP E* 1972. II. 17221.

4. Cass. Ass. pl. 8 janv. 1993, *Bull. civ.* n° 2, *Dr. soc.* 1993. 391, rapport Y. Chartier ; Soc. 20 déc. 1990, *Bull. civ.* V, n° 704, *JCP* 1991. II. 21844, note C. Pagnon ; Soc. 20 juin 1991, *Bull. civ.* V, n° 318, *D.* 1991. 2. Somm. 336, obs. X. Prétot.

Lorsque le contrat existe, sa durée et sa validité importent peu. Une personne dont le contrat est entaché de nullité, tel un contrat dont les conditions de forme n'ont pas été respectées ou dont le motif est illicite, doit quand même être affiliée au régime général quand les conditions d'exercice de son activité démontrent la subordination et la rémunération. La qualification donnée par les parties à la convention est également sans incidence, les contractants optant volontiers pour une dénomination qui suggère l'indépendance dans l'exercice de la profession[1]. Les juges sont donc particulièrement attentifs aux clauses contractuelles et aux modalités concrètes de l'activité[2], celles-ci pouvant être révélatrices de la subordination et, plus précisément, de l'intégration dans un service organisé.

B. Les présomptions légales

Malgré leur souplesse, les critères du travail dépendant sont inopérants pour certains types de professions. Aussi, le législateur fait entrer d'autorité les personnes qui les exercent dans le champ du régime général au moyen d'une présomption. De façon plus récente, le législateur a recouru à la présomption non plus pour rendre perméables les frontières du régime général, mais pour les fermer à des travailleurs présumés indépendants. Dans les deux cas, les présomptions sont simples.

a. La présomption de travailleur dépendant

L'article L311-3 du Code de la sécurité sociale procède à une affiliation par assimilation pour les vingt-quatre activités professionnelles qu'il énumère. Parmi elles, les voyageurs et représentants de commerce, journalistes et professions assimilées au sens des articles L761-1 et L761-2 du Code du travail, sous-agents d'assurance, porteurs de bagages occupés dans les gares, ouvreuses de théâtre et de cinéma, professions de l'art et du spectacle, employés d'hôtels, cafés et restaurants, gérants de SARL à certaines conditions, travailleurs à domicile soumis aux articles L721-1 et suivants du Code du travail… L'énu-

1 Soc. 13 juin 1993, *RJS* 1991, n° 1032 ; Soc. 27 fév. 1992, *RJS* 1992, n° 492.

2. Soc. 19 juil. 2000, *RDSS* 2001. 92.

mération peut surprendre par son caractère hétéroclite. Elle peut aussi étonner par son côté anachronique, car force est de constater que certaines références sont aujourd'hui dépourvues de réel champ d'application, soit parce que les activités ont disparu, soit parce qu'elles sont devenues salariées. On peut malgré tout observer que l'article L311-3 recourt à deux méthodes d'assimilation. L'assimilation est directe quand il définit lui-même l'activité professionnelle : le travailleur est dépendant par détermination du droit de la sécurité sociale. L'assimilation est indirecte quand il renvoie au Code du travail : le travailleur est alors dépendant par détermination du droit du travail.

L'intérêt de l'article L311-3 se trouve dans son autonomie par rapport à l'article L311-2 qui pose les critères du travail dépendant. Lorsque le travailleur remplit les conditions posées par l'article L311-3 et ce, quelle que soit la méthode d'assimilation, il est assujetti au régime général sans qu'il soit nécessaire d'apporter la preuve du lien de subordination[1]. Il est assimilé au travailleur dépendant, dès lors qu'il perçoit une rémunération. S'il ne peut bénéficier des dispositions de l'article L311-3, il peut néanmoins être qualifié travailleur dépendant, à condition de remplir les conditions générales posées par l'article L311-2, c'est-à-dire d'exercer son activité dans un lien de dépendance à l'égard de l'employeur qui le rémunère et avec lequel il a contracté[2].

b. La présomption de travailleur indépendant

En réaction à la jurisprudence qui, par une interprétation extensive de la notion de service organisé, avait procédé à des requalifications parfois contestables, la loi du 11 février 1994 relative à l'initiative et à l'entreprise individuelle, dite loi Madelin, crée une présomption de travail indépendant ou de non-salariat. Pour rendre plus difficile la qualification de travailleur dépendant, elle énonce des dispositions nouvelles. Elle insère dans le Code du travail un nouvel article L120-3 qui instaure une présomption d'exercice d'activité à titre indépendant pour les personnes physiques immatriculées au registre du commerce, au répertoire des métiers, au registre des agents commerciaux ou

1. Ch. réunies, 24 juin 1966 ; Soc. 5 mars 1992, *Bull. civ.* V, n° 162.

2. Soc. 22 juil. 1993, *RJS* 1993, n° 1020.

auprès des Unions de recouvrement des cotisations de sécurité sociale et d'allocations familiales (URSSAF) pour le recouvrement des allocations familiales. La même présomption est posée pour les travailleurs à domicile. Ces personnes sont présumées ne pas être liées par un contrat de travail dans l'exécution de l'activité donnant lieu à immatriculation. C'est une présomption simple. Par ailleurs, la loi Madelin introduit un nouvel article L311-11 dans le Code de la sécurité sociale selon lequel « les personnes physiques liées au 1er alinéa du Code du travail ne relèvent du régime général de sécurité sociale que s'il est établi que leur activité les place dans un lien de subordination juridique permanent à l'égard d'un donneur d'ordre ». Là encore, la présomption est simple. Elle est renversée si la subordination juridique permanente est établie[1]. L'enjeu du texte résidait essentiellement dans la charge de la preuve. En cas de contentieux, ce n'était plus à l'entreprise de justifier le non-paiement des cotisations en démontrant l'absence de travail dépendant, mais à ceux qui affirmaient son existence de la prouver (le plus souvent l'URSSAF). Enfin, la loi Madelin avait institué une procédure qui permettait aux travailleurs indépendants qui doutaient de la nature de leur activité d'interroger les URSSAF sur l'obligation de s'affilier au régime général. L'absence de réponse dans un délai de deux mois valait réponse négative et les intéressés ne pouvaient se voir imposer ultérieurement l'affiliation.

Venant mettre fin à cette situation, la loi Aubry II du 20 janvier 2000 retire du Code du travail les présomptions de travail indépendant créées par la loi Madelin. Il revient ainsi de nouveau au donneur d'ordres de prouver que le prestataire exerce son activité sans subordination. Le Code de la sécurité sociale n'ayant pas été modifié, l'article L311-11 reste inchangé : sont maintenues la référence à la subordination juridique permanente, la procédure d'interrogation des URSSAF et les conséquences qui y étaient attachées.

Le dernier épisode de l'histoire de la présomption de travail indépendant est plus récent. À la faveur de l'alternance politique, la loi sur l'initiative économique du 1er août 2003 entérine le retour aux dispositions de la loi Madelin. Selon la nouvelle rédaction de l'article L120-3 du Code du travail, « les

1. Soc. 16 juin 1994, *RJS* 1994, n° 898.

personnes immatriculées au registre du commerce et des sociétés, au répertoire des métiers, au registre des agents commerciaux ou auprès des URSSAF, ainsi que les dirigeants de personnes morales immatriculées au registre du commerce et des sociétés et leurs salariés, sont présumés ne pas être liés avec le donneur d'ouvrage par un contrat de travail dans l'exécution de l'activité donnant lieu à immatriculation ». L'article poursuit en précisant que l'existence d'un contrat de travail peut être établie quand les intéressés fournissent directement, ou par personne interposée, des prestations à un donneur d'ouvrage dans des conditions qui les placent dans un lien de subordination juridique permanente à l'égard de celui-ci. L'infraction de dissimulation de travail salarié sera même constituée s'il est établi que le donneur d'ouvrage s'est soustrait intentionnellement à l'accomplissement de l'une des formalités prévues par les articles L143-3 et L320 du Code du travail (remise du bulletin de paie et transmission à l'URSSAF de la déclaration nominative d'embauche).

De nouveau, la présomption d'indépendance est simple. Toute personne qui y a intérêt peut démontrer que l'activité est en fait salariée et qu'il existe un lien de subordination caractéristique du contrat de travail. La charge de la preuve est de nouveau renversée. En cas d'incertitude, il reste possible d'interroger l'URSSAF sur le statut des personnes concernées, en application de l'article L311-11 du Code de la sécurité sociale. En l'absence de réponse dans les deux mois ou en cas de réponse négative, celles-ci ne peuvent se voir imposer ultérieurement une affiliation au régime général, sauf si les conditions de leur activité ont été modifiées de façon substantielle ou si des informations erronées ont été transmises aux URSSAF. Le travailleur conserve la possibilité de solliciter son affiliation à un régime de sécurité sociale et de demander aux tribunaux la requalification de sa relation professionnelle en relation salariée. La décision de l'URSSAF n'a en effet de valeur qu'auprès des organismes de sécurité sociale et ne lie pas le demandeur. En cas de réponse positive, l'URSSAF communique l'information à la CPAM du lieu de résidence du demandeur et à la caisse à laquelle il est affilié à titre de travailleur indépendant.

2. Les personnes accueillies par le régime général

Sans doute est-ce le rôle particulier qu'il joue dans la généralisation de la sécurité sociale qui conduit le régime général à accueillir les personnes dépourvues de régime obligatoire. Pour pallier l'absence d'assujettissement, deux méthodes sont mises en œuvre, assez différentes selon la nature des risques concernés. Pour les risques invalidité, vieillesse, et accidents du travail, ce sont des assurances volontaires, misant sur l'initiative des bénéficiaires, qui permettent d'accéder au régime général. Pour les risques maladie et maternité, les bénéficiaires potentiels sont au contraire encadrés, accompagnés pour favoriser leur affiliation, l'objectif étant de permettre au plus grand nombre d'accéder aux soins.

A. *Les assurances volontaires pour les risques invalidité, vieillesse et accidents du travail*

Il existe pour certains risques sociaux des assurances volontaires. Facultatives, elles visent les personnes qui n'ont pas de régime obligatoire, en raison de l'absence ou de l'insuffisance de leur activité professionnelle. Elles s'adressent aussi à celles qui, bien qu'assurées sociales, ne bénéficient pas de la couverture de certains risques, comme les ressortissants des régimes autonomes pour le risque professionnel.

La faculté de s'assurer volontairement auprès de la caisse primaire d'assurance maladie de son domicile est prévue pour les risques invalidité et vieillesse, pour les personnes qui ont été affiliées pendant six mois à un régime de sécurité sociale et qui cessent de remplir les conditions de l'assurance obligatoire[1]. La même possibilité est ouverte au conjoint ou membre de la famille du grand invalide qui, sans recevoir de rémunération, remplit auprès de ce dernier le rôle de tierce personne. Si cette personne relève déjà de l'assurance vieillesse au titre de l'article L381-1 du Code de la sécurité sociale qui vise la personne assurant la charge d'un handicapé, elle peut demander seulement le bénéfice de l'assurance invalidité.

1. Art. L742-1 CSS.

Par ailleurs, peuvent s'assurer pour ces mêmes risques les personnes de nationalité française, salariées ou assimilées, qui travaillent hors du territoire français, et le parent chargé de famille qui ne relève pas à titre personnel d'un régime obligatoire d'assurance vieillesse et qui se consacre à l'éducation d'au moins un enfant à charge du foyer âgé de moins de 20 ans à la demande d'adhésion[1].

Enfin, il existe une assurance volontaire accident du travail[2]. Elle concerne les assurés obligatoires non couverts spécifiquement pour ce risque, les travailleurs indépendants[3], mais aussi, depuis la loi du 27 janvier 1993, les bénévoles des œuvres et organisations d'intérêt général[4]. Ces dernières peuvent la souscrire à leur profit et sont alors redevables de cotisations calculées sur la base du salaire minimum. Enfin, l'assurance volontaire accident du travail s'adresse à certaines personnes qui n'exercent pas d'activité professionnelle rémunérée (élèves des établissements d'enseignement autres que les établissements d'enseignement technique, sportifs non professionnels…), mais qui sont exposés à un risque du fait de cette activité. Dans ces derniers cas, il est toutefois impropre de parler d'accident du travail car l'activité exercée n'est pas professionnelle.

Les prestations dues au titre de l'assurance volontaire accidents du travail sont limitées aux prestations en nature. Aucune prestation en espèces n'est servie. Cela peut sembler à première vue normal car en l'absence de revenu professionnel, un revenu de remplacement ne peut être versé. Mais cela n'est pas forcément logique car la population des assurés volontaires accidents du travail, hétérogène, s'étend aux travailleurs indépendants qui subissent une perte de revenu en cas d'accident. Il serait opportun que ce préjudice économique soit compensé et le fait qu'il ne le soit pas explique en partie le désintérêt des indépendants pour cette assurance.

1. Art. L742-1 CSS.
2. Art. L743-1 CSS.
3. En pratique, les travailleurs indépendants préfèrent s'adresser au secteur de la protection sociale complémentaire qui leur permet de discuter des prestations qu'ils percevront, tout en ayant la possibilité de déduire le montant de ces cotisations de leur revenu imposable.
4. Art. L743-1 et L743-2 CSS.

B. L'effort particulier réalisé en matière de santé

Les risques maladie et maternité, probablement parce qu'ils sont considérés comme des risques majeurs mais certainement aussi parce qu'ils bénéficient d'une consécration constitutionnelle, via le droit à la santé[1], ont fait l'objet d'un traitement particulier par les pouvoirs publics. En effet, plus que pour tout autre risque, le législateur a fait des efforts constants pour améliorer les dispositifs existants et rendre la généralisation effective. Trois dispositifs ont été déployés à cette fin : l'assurance volontaire, l'assurance personnelle, et la couverture maladie universelle. Pour saisir l'intérêt de ces dispositifs, il faut les placer en perspective car chaque dispositif est créé pour corriger les imperfections de celui qui l'a précédé et favoriser l'accès à l'assurance maladie, voire l'accès aux soins.

a. Assurance volontaire et risques maladie maternité

Au départ, les risques maladie et maternité n'ont pas fait l'objet d'un traitement distinct. Comme pour les autres risques, la personne qui ne relevait d'aucun régime obligatoire pouvait organiser sa couverture en recourant à l'assurance volontaire maladie maternité créée par l'ordonnance du 21 août 1967. Cette assurance s'adressait aux personnes résidant sur le territoire national mais aussi à ceux qui, pour des raisons professionnelles ou par choix personnel, résidaient à l'étranger et étaient privés, en application du principe de territorialité, du bénéfice de la législation française de sécurité sociale. Elle ouvrait droit aux prestations en nature en contrepartie du paiement d'une cotisation annuelle forfaitaire. Son succès reposait donc non seulement sur l'initiative individuelle qui supposait que la personne connaisse à la fois sa situation au regard de la sécurité sociale et l'intérêt de l'affiliation à l'assurance volontaire, mais encore sur sa capacité contributive, même si la prise en charge totale ou partielle par l'aide sociale était possible. Le pari ayant été manqué, tout au moins pour la population résidente, l'assurance volontaire est relayée par l'assurance personnelle en 1978.

1. Préambule de la Constitution du 27 octobre 1946.

L'assurance volontaire ne disparaît pas pour autant car elle conserve un intérêt évident pour les Français résidents à l'étranger, ceux que l'on nomme les expatriés. Elle demeure donc aujourd'hui encore avec un champ d'application qui lui est propre. Ainsi les expatriés, tout en étant rattachés à la sécurité sociale locale, peuvent adhérer à l'assurance volontaire maladie maternité. Ils bénéficient alors des prestations en nature, ce qui peut pallier l'indigence des régimes locaux. Cette possibilité est ouverte aux travailleurs salariés et non salariés, aux titulaires d'un avantage retraite versé par un régime français, aux bénéficiaires de prestations françaises et, plus largement, à tous les autres français[1]. L'accès à cette assurance est donc élargi par rapport aux autres assurances volontaires auxquelles seuls les salariés peuvent adhérer.

b. Assurance personnelle et accès aux assurances maladie maternité

La création de l'assurance personnelle par la loi du 3 janvier 1978 s'explique par l'échec relatif de l'assurance volontaire. Certes, de 1945 à 1978, l'assurance maladie avait connu une extension notable puisque le nombre de ses bénéficiaires était passé de 53 % à 98 % de la population. Les 2 % restant étaient constitués par la population inactive résiduelle qui n'accédait pas à l'assurance volontaire du fait de son coût élevé et des inconvénients liés à la prise en charge par l'aide sociale.

Lors de sa création, l'assurance personnelle est présentée comme le moyen d'achever la généralisation. Elle aménage le rattachement de la population résiduelle en répondant point par point aux insuffisances de l'assurance volontaire. En effet, même si l'affiliation reste facultative et peut être demandée par tout intéressé auprès de la CPAM de sa résidence[2], la liberté n'est pas totale. En premier lieu, l'affiliation est automatique pour toute personne qui cesse d'appartenir à un régime obligatoire. La caisse primaire d'assurance maladie propose l'affiliation et l'individu doit exprimer son refus, son silence valant acceptation[3]. En deuxième lieu, l'affiliation est obligatoire pour les

1. Art. L762-1, L762-2, L764-1, L765-1 à L765-2-1, L765-3 CSS.
2. Ou de la caisse de mutualité sociale agricole pour les personnes qui en dépendaient jusqu'alors.
3. La justification étant qu'il est dans son intérêt d'être couvert en cas de maladie ou de maternité, et qu'il est nécessaire de poursuivre la réalisation de la généralisation.

bénéficiaires de certains minima sociaux (allocation pour adultes handicapés et allocation de parent isolé dès 1978, bénéficiaires du revenu minimum d'insertion à partir de 1988). Même si le principe de la contributivité reste posé, les bénéficiaires de ces minima sont dispensés de payer les cotisations automatiquement prises en charge par les caisses d'allocations familiales ou par l'aide sociale départementale. Les autres affiliés à l'assurance personnelle peuvent obtenir la prise en charge totale ou partielle par l'aide sociale. En troisième et dernier lieu, l'affiliation prononcée est définitive. L'assuré ne peut y mettre fin que s'il vient à relever d'un régime obligatoire, du fait de la reprise d'une activité professionnelle ou de l'acquisition de la qualité d'ayant droit.

Dès le début des années 1990, les défaillances de l'assurance personnelle sont relevées. Certes, chacun s'accorde à reconnaître que le dispositif a permis aux personnes sans couverture obligatoire d'accéder aux assurances maladie et maternité, tout en organisant la prise en charge des cotisations. Mais, dans le même temps, on lui reproche son déséquilibre structurel marqué : la dépense moyenne par assuré social est presque deux fois supérieure à celle de l'assuré classique du régime général alors que les recettes résultant des cotisations restent limitées. De plus, la méthode d'affiliation ne permet pas de proposer de façon systématique l'affiliation aux personnes qui n'ont jamais relevé d'un régime obligatoire. Pour ces dernières, l'affiliation reste subordonnée, comme pour l'assurance volontaire, à une initiative de leur part. Enfin et surtout, conscience est prise que l'affiliation à l'assurance personnelle permet l'accès aux assurances maladie et maternité sans pour autant garantir l'accès aux soins, le poids du ticket modérateur ou du forfait hospitalier qui continue à s'appliquer pouvant dissuader les assurés de se faire soigner.

c. Couverture maladie universelle et accès aux soins

La loi portant création de la couverture maladie universelle (CMU), votée le 27 juillet 1999, est un texte fondamental qui nourrit l'ambition de garantir l'accès aux soins aux personnes résidant de façon stable et régulière en France. Le dispositif veut répondre aux inconvénients de l'assurance personnelle. À cette fin, il cherche d'une part à couvrir l'ultime population résiduelle[1], d'autre part à réaliser le droit à la santé et à garantir l'accès aux soins. Ce double objectif explique que la CMU comporte deux volets, chacun étant investi d'une finalité particulière. La CMU de base, comme l'assurance personnelle avant elle, cherche à généraliser les assurances maladie et maternité, mais au moyen d'une méthode nouvelle. C'est ce qui explique que la CMU de base se substitue purement et simplement à l'assurance personnelle. La CMU complémentaire investit pour sa part un champ nouveau. Elle doit permettre aux personnes qui en sont dépourvues, faute de capacité contributive suffisante, d'accéder à une couverture santé complémentaire. Ses bénéficiaires pourront prétendre à la prise en charge de la fraction des frais non remboursée par l'assurance maladie et accéder aux soins.

La CMU de base (CMUB). C'est une nouvelle voie d'accès aux assurances maladie et maternité. Elle est cependant subsidiaire car la règle générale d'ouverture des prestations en nature reste fondée sur l'assujettissement à un régime obligatoire et, accessoirement, sur la qualité d'ayant droit. La CMUB est réservée aux personnes n'ayant aucun droit aux prestations en nature d'un régime obligatoire, résidant de façon stable[2] et régulière en France. Les bénéficiaires des minima sociaux y sont automatiquement affiliés. Désormais en France, toute personne a donc droit à une couverture de base soit au titre d'un régime obligatoire en tant qu'assuré ou ayant droit, soit au titre de la CMUB. Dans ce dernier cas, la personne n'est pas forcément redevable d'une cotisation. Si ses ressources sont supérieures à un plafond annuel fixé par décret[3], une cotisation d'un taux de 8 % est perçue sur la part de ses ressources supérieures au plafond. Si ses ressources restent en deçà du plafond, la personne est dispensée de cotiser. La CMUB n'est donc pas forcément gratuite, bien qu'elle constitue un droit gratuit pour les plus démunis. Le principe de la contributivité reste posé même si, en pratique, près de 98 % de personnes qui relèvent de la CMUB y échappent, faute de disposer de ressources suffisantes.

La demande de CMUB peut être déposée auprès des services sociaux des départements et des communes, d'une association agréée, ou de la caisse

1. 60 000 personnes environ à la veille de la mise en place de la CMU.
2. Une résidence de plus de trois mois est requise.
3. En 2006, cotisation sur la part des ressources (revenu 2004) excédant 6 965 €.

primaire d'assurance maladie. L'affiliation est immédiate et automatique, dès la demande, sur justification de la résidence et de l'identité de l'intéressé. C'est à la caisse d'affiliation de rechercher ensuite si le demandeur n'a aucun droit ouvert à un autre titre. Si tel est le cas, les droits sont ouverts pour quatre ans[1] et les prestations en nature des assurances maladie et maternité sont dues.

La CMU complémentaire (CMUC). Elle constitue une voie d'accès inédite à la protection sociale complémentaire. En France, à la veille de la création de la CMU, 84 % des personnes disposent d'une couverture complémentaire. Ce taux, assez satisfaisant en apparence, dissimule des disparités importantes entre les catégories socioprofessionnelles : seulement 62 % des chômeurs et 51 % des ménages les plus pauvres[2] ont une couverture complémentaire. Pour cette raison, la CMUC ouvre droit gratuitement à une couverture complémentaire santé. Elle rend inutile l'aide médicale départementale qui est donc supprimée. Le droit à la CMUC, placé sous condition de ressources[3], est réservé aux personnes résidant de façon stable et régulière en France[4]. Outre les bénéficiaires des minima sociaux, tels les allocataires du revenu minimum d'insertion, qui y sont admis automatiquement, ce sont aussi les chômeurs, les titulaires de contrats aidés, ou encore tous ceux que l'on nomme les travailleurs pauvres qui sont concernés par la mesure. Ces derniers en effet, bien qu'affiliés à un régime obligatoire, sont en général trop peu solvables pour financer une complémentaire santé. Mais ici et à la différence de la CMUB, il n'existe aucune demi-mesure : soit les ressources sont inférieures au plafond et le droit à la CMUC est gratuitement ouvert pour un an ; soit les ressources dépassent le plafond et le demandeur n'a pas droit à la CMUC. Ce système du tout ou rien peut sembler particulièrement inéquitable pour les personnes dont les revenus sont légèrement supérieurs au plafond. Dans ce

1. Et non pour un an comme c'était le cas au départ.
2. Disposant de moins de 2 000 F par mois en 1999.
3. Montant mensuel variable selon la composition du foyer, pour tenir compte du revenu effectivement disponible pour financer une couverture complémentaire : personne seule 587,16 €, 2 personnes 880,75 €, 3 personnes 1 056,90 €, 4 personnes 1 233,05 €, 234,87 € par personne en plus (montants au 1er janvier 2006).
4. Les frais de santé engagés par les étrangers en situation irrégulière relèvent de l'aide médicale d'État.

dernier cas en effet, la capacité contributive n'est pas radicalement différente, le revenu disponible pour financer une protection sociale complémentaire ou des frais de santé à peu près équivalent et, pourtant, l'accès à la CMUC est fermé. Cette imperfection, apparue très tôt, avait conduit les caisses primaires d'assurance maladie à tenter d'y remédier en créant un dispositif d'aide à la mutualisation. Ce dernier, qui consistait à prendre en charge partiellement les cotisations de couverture maladie complémentaire pour les personnes dont les revenus dépassaient de 12,7 % les plafonds de la CMUC, était malheureusement resté largement inopérant. Aussi, en 2004, le législateur est intervenu pour permettre aux personnes dont les ressources dépassent de 15 % le plafond de ressources de la CMUC de bénéficier d'un crédit d'impôt santé[1]. Ce dernier prend la forme d'une aide à l'acquisition d'une couverture maladie complémentaire, forfaitaire et variable selon le nombre et l'âge des personnes composant le foyer[2]. Le montant vient en déduction de la cotisation ou de la prime annuelle à payer et, dans tous les cas, il est plafonné au montant de la cotisation ou de la prime due.

Les bénéficiaires de la CMUC choisissent librement le gestionnaire de leurs droits parmi les caisses primaires d'assurance maladie[3], assureurs, mutuelles, ou organismes de prévoyance qui, volontaires pour participer au dispositif, sont recensés par une liste arrêtée annuellement par le Préfet. Des mesures fiscales ont été instituées pour inciter ces organismes à s'ouvrir aux bénéficiaires de la CMUC et un fonds spécial a été créé pour financer les dépenses de couverture complémentaire engagées par les personnes couvertes. Ces dernières bénéficient en effet d'une couverture des soins à 100 % grâce à la prise en charge intégrale du ticket modérateur et du forfait hospitalier, et au remboursement de certains biens médicaux dans la limite d'un forfait fixé par arrêté[4]. Elles ne peuvent se voir imposer de dépassement d'honoraires[5] et sont

1. Loi de réforme d'assurance maladie du 13 août 2004.
2. Pour 2005, 75 € par personne âgée de moins de 25 ans, 150 € par personne âgée de 25 à 59 ans, 250 € par personne âgée de 60 ans et plus. Le droit est ouvert pour un an.
3. Ce choix, rendu possible pour répondre à la logique du guichet unique, est fait dans 95 % des cas.
4. Par exemple pour les frais de prothèses dentaires et les dépenses d'optique.
5. À condition toutefois de rester dans le parcours de soins coordonné par le médecin traitant.

dispensées de l'avance des frais. Les prestations qui leur sont versées sont financées par un fonds auquel contribuent l'État, les départements grâce aux économies résultant de la suppression de l'aide médicale départementale, et les organismes complémentaires redevables d'une taxe sur leur chiffre d'affaires réalisé en matière de santé.

Après une montée en charge rapide du dispositif, le nombre des bénéficiaires de la CMU est relativement stable. Environ un million de personnes relève de la CMU de base et près de quatre millions et demi de la CMU complémentaire[1].

II. Le champ d'application territorial

La législation française de sécurité sociale repose sur le principe de territorialité. Selon ce principe, la législation applicable à l'assuré est celle du lieu de travail, peu importe qu'il réside dans un autre État ou que l'entreprise qui l'emploie ait son siège à l'étranger. Des dérogations, issues des conventions bilatérales de sécurité sociale et du droit communautaire, sont cependant admises. Elles permettent à l'assuré d'exporter les prestations ou de rester affilié à un régime français de sécurité sociale tout en résidant à l'étranger.

1. Le principe de territorialité

Le principe de territorialité concerne à la fois l'assujettissement et le droit aux prestations.

Du point de vue de l'assujettissement, il impose à toute entreprise installée en France, quelle que soit sa nationalité et même si son siège est à l'étranger[2], d'affilier les salariés qu'elle emploie à un régime français de sécurité sociale. De même, la nationalité du salarié qui travaille sur le territoire national et son lieu de résidence n'ont pas d'incidence sur son assujettissement au

1. 1,1 million pour la CMUB, soit un peu moins de 2 % de la population française, 4,7 millions pour la CMUB, soit 7,8 % de la population. DRESS, *Études et résultats*, n° 96, décembre 2000. 4,4 millions de personnes ont droit à la CMUC en 2005, selon les chiffres de la CNAM.
2. Soc. 25 juin 1980, *Bull civ.* V, n° 568.

régime français de sécurité sociale. Il est assujetti dans les mêmes conditions que les travailleurs français.

Le principe de territorialité a aussi une incidence sur le versement des prestations qui est donc indépendant de l'assujettissement. Les salariés étrangers peuvent prétendre aux prestations seulement s'ils résident en France[1], ou à défaut de résidence et s'agissant des salariés qui ont leur lieu de travail permanent en France, si une convention a été passée à cet effet avec leur pays d'origine. La jurisprudence l'a affirmé en usant de la formule solennelle : « les lois de sécurité sociale ont un caractère d'ordre public et de territorialité qui ne leur permettent pas, à moins de conventions diplomatiques spéciales, de recevoir application hors du territoire national[2] ». Ce principe fondamental de la sécurité sociale au sens de l'article 34 de la Constitution[3], atténué pour les prestations vieillesse, conserve une portée remarquable en matière de maladie et de prestations familiales : le droit aux prestations est lié à la résidence en France de l'assuré et des ayants droit, le départ et l'installation dans un autre pays entraînant la perte du droit. C'est aussi ce que l'on nomme « clause de résidence ». Pour désigner ce phénomène, parfois justifié par la nécessité d'exercer un contrôle pour verser les prestations, on dit que la prestation n'est pas exportable. Mais cela peut sembler contestable car, lorsque les assujettis ont rempli leur obligation de cotiser, la portée du principe de territorialité ne devrait pas s'appliquer avec la même force pour le bénéfice des prestations. Aussi, des aménagements sont organisés par les conventions bilatérales, le droit communautaire, et même le droit français de la sécurité sociale qui a élaboré un statut pour les salariés détachés à l'étranger[4].

1. Les étrangers peuvent toutefois bénéficier du versement de leur retraite à l'étranger, depuis la loi du 11 mai 1998 (art. L311-7 CSS).
2. Civ. 2e, 19 janvier 1956, *Dr. soc.* 1956. 319 ; Soc. 12 juillet 1995, *RJS* 8-9/95, n° 965
3. Il ne s'agit pas d'un principe constitutionnel, Conseil constit., DC n° 86-225, 23 janvier 1986.
4. Art. L742-1 et s., art. L761-1 et s. CSS.

2. Les aménagements apportés par les traités bilatéraux et le droit communautaire

Les instruments internationaux et européens ont considérablement réduit la portée du principe de territorialité. Ainsi en est-il des **traités bilatéraux** de sécurité sociale dont l'objet est d'organiser la coordination des systèmes de sécurité sociale. Ils permettent d'éviter la double cotisation à laquelle est exposé l'assuré qui, tout en souhaitant conserver des droits au régime de son pays d'origine, doit cotiser au régime de son pays de résidence. Ils permettent aussi la conservation des droits à prestation. La France a surtout conclu des traités bilatéraux avec des États d'Afrique du Nord, d'Afrique Noire et avec des États européens non membres de l'Union européenne. Ces traités présentent l'intérêt de rapprocher des systèmes de sécurité sociale inégalement développés, ce qui explique que l'idée de réciprocité est nécessairement abandonnée. Un de leur domaine d'élection est la conservation des droits acquis ou en cours d'acquisition, et l'exportation des prestations. Ils prévoient aussi en général la totalisation des périodes d'assurance, un procédé qui permet, au moment du paiement d'une prestation, de tenir compte de toutes les périodes d'assurance, qu'elles aient été accomplies dans le pays d'immigration ou dans le pays d'origine. La charge générale de la prestation est ensuite répartie entre les régimes *prorata temporis*.

Le droit de l'Union européenne, après s'être efforcé de réaliser la libre circulation des marchandises, s'est aussi employé à favoriser celle des personnes. La pluralité des régimes et leurs différences rendant toute uniformisation et même harmonisation illusoire, le droit communautaire s'est tourné vers un objectif de convergence des politiques sociales. De plus, pour que les déplacements des travailleurs ne se traduisent pas par un amenuisement des droits sociaux – ce qui serait dissuasif – plusieurs règlements communautaires sont venus organiser le rattachement à la sécurité sociale en adaptant le principe de territorialité.

Le premier de ces textes, le règlement communautaire n° 1408/71 du 14 juin 1971, concerne les travailleurs salariés et les membres de leur famille qui se déplacent à l'intérieur de la communauté. Il a été complété par le règlement n° 574/72 du 21 mars 1972 qui a déterminé ses modalités d'application, par deux règlements du 17 septembre 1981 et du 8 décembre 1981 qui ont étendu aux travailleurs non salariés et à leur famille le règlement de 1971, et enfin par trois nouveaux règlements du 30 avril 1992[1], 29 juin 1998, et 8 février 1999. Le dernier texte intervenu est le règlement n° 883/2004. Il devrait remplacer, à compter de 2006, le règlement de 1971.

Pour favoriser la libre circulation, le droit communautaire a posé la règle de **la conservation des droits acquis**. L'article 42 du Traité (ancien article 51) s'y réfère expressément et indique en substance que le Conseil adopte, en matière de sécurité sociale, les mesures nécessaires à la libre circulation des travailleurs. À cette fin, il doit instituer un système permettant d'assurer aux travailleurs migrants et à leurs ayants droit la totalisation de toutes périodes prises en considération par les différentes législations nationales, pour l'ouverture, le maintien du droit aux prestations, et leur calcul. Il doit aussi organiser le paiement des prestations aux personnes résidant sur les territoires des États membres.

Ainsi, quand un travailleur exerce son activité sur le territoire d'un État membre, il est soumis à la législation de cet État pour ses droits à la sécurité sociale, peu important son lieu de résidence, sans qu'un accord international soit nécessaire. Cette disposition de principe est désignée sous le nom de loi du lieu de travail. Cela ne s'oppose pas à ce que soient pris en compte des faits intervenus sur le territoire d'un autre État. On retient ainsi les périodes de travail et d'assurance accomplies en vertu de la législation des autres États, alors même que c'est la loi du pays du travail qui est compétente pour déterminer le mode de calcul des prestations[2]. L'application de la loi du lieu de travail permet d'éviter le cumul d'affiliations, et donc de charges. La Cour de Justice des communautés européennes estime néanmoins que cette règle, énoncée par l'article 13, n'est pas exclusive. En effet, si elle interdit le double

1. Ce règlement précise que les prestations non contributives ne sont plus servies que sur le territoire national et ne sont donc plus exportables. Il énonce aussi que la dérogation à la règle de la territorialité ne doit pas conduire au cumul injustifié de prestations de même nature.
2. CJCE 26 octobre 1995, Klaus, *Rec.* I-3560, pour les prestations d'assurance maladie ; CJCE 26 octobre 1995, Moscato, *Rec.* I-3537, pour l'assurance invalidité.

assujettissement, elle ne s'oppose pas au cumul de prestations. Elle permet l'application simultanée de plusieurs législations et, au bout du compte, l'ouverture d'une option pour la législation la plus favorable.

La coordination entre les législations de protection sociale s'appuie sur quatre principes essentiels. Le premier est le principe de l'égalité de traitement[1]. Il interdit toute discrimination entre les travailleurs nationaux et non nationaux ressortissants d'un pays de l'Union, et impose que les personnes résidant sur le territoire d'un État membre bénéficient des dispositions prévues par la législation de cet État, dans les mêmes conditions que ses ressortissants. Il en résulte une assimilation entre résidants et ressortissants, tant du point de vue de la sécurité sociale que de ses conditions de travail et des avantages sociaux. La réciprocité trait pour trait qui existait dans les traités bilatéraux est remplacée par une réciprocité totale et de plein droit.

Le deuxième principe est celui de l'unicité de la législation applicable. Il permet d'éviter que des conflits de lois se produisent, et qu'un travailleur soit assuré simultanément dans plusieurs États membres ou ne le soit dans aucun. Ainsi, selon l'article 13 du règlement de 1971, « *les personnes auxquelles le présent règlement est applicable ne sont soumises qu'à la législation d'un seul état membre* ». La loi désignée est celle du lieu du travail, sauf application de dispositions particulières pour les salariés détachés et pour les travailleurs qui exercent une activité dans plusieurs États membres.

Le troisième principe est celui de la dérogation aux règles de territorialité[2]. Il signifie que les prestations acquises au titre de la législation d'un ou plusieurs États membres ne peuvent être affectées par la résidence du bénéficiaire dans un État membre autre que celui de l'institution débitrice. Ainsi, les prestations en espèces invalidité, de vieillesse ou de survivants, les rentes d'accidents du travail ou de maladie professionnelle et les allocations de décès acquises au titre de la législation d'un ou plusieurs États membres ne peuvent subir ni réduction, ni modification, ni suspension, ni suppression, ni confiscation du fait que le bénéficiaire ne réside pas sur le territoire de l'État membre

1. Art. 7 et 48 du traité de Rome.
2. Art. 10 du règlement de 1971.

où est l'institution débitrice. Ce principe s'accompagne du principe de la conservation des droits acquis qui garantit aux travailleurs migrants que l'usage de leur droit de circuler librement ne leur fera pas perdre le bénéfice d'une prestation de sécurité sociale.

Le dernier principe est celui de la totalisation des périodes d'assurance, de résidence ou d'emploi, ou principe du maintien des droits en cours d'acquisition[2]. Les périodes d'assurance désignent les périodes de cotisation, d'emploi salarié, d'activité non salariée, ainsi que les périodes assimilées. La totalisation concerne les prestations de maladie, de maternité, de vieillesse, de survie, les allocations de décès, de chômage, les prestations et allocations familiales. Ainsi, pour l'ouverture du droit aux prestations et pour leur calcul, la loi doit prendre en compte les périodes d'assurance effectuées à l'étranger et le migrant peut les additionner dès qu'elles sont reconnues par les différentes législations nationales.

3. Le traitement particulier des situations de détachement et d'expatriation

La multiplication des relations industrielles et commerciales au plan international favorise le travail à l'étranger, soit à l'initiative de l'employeur, dans le cas du détachement, soit à l'initiative du travailleur sans que subsiste un lien avec une entreprise située en France, dans le cas de l'expatriation.

A. *Le détachement hors de la Communauté européenne*

Le salarié détaché est celui qui est envoyé en mission temporaire à l'étranger pour le compte d'une entreprise établie en France. Il est en situation d'expatriation provisoire. Le détachement, régi par une convention ou un règlement international, ou résultant d'une décision de l'employeur, peut concerner aussi bien un français qu'un étranger. Pour être considéré comme détaché, le salarié doit être envoyé en déplacement à l'étranger pour une durée déterminée. Il doit continuer à être rémunéré par son employeur qui s'engage à verser au régime de sécurité sociale l'intégralité des cotisations afférentes au salaire.

1. Art. 51 du Traité.

Le détachement conventionnel[1] est prévu par les conventions bilatérales et les règlements communautaires de sécurité sociale. Il permet au salarié de rester attaché au régime de son pays habituel d'emploi pendant une durée fixée par chaque accord. S'agissant des règlements communautaires, cette durée ne peut excéder 12 mois et ne peut être prolongée, dans la limite de 12 mois, qu'en raison de circonstances imprévisibles et sous réserve de l'accord de l'État sur le territoire duquel le salarié est détaché. En outre, le salarié ne doit pas être envoyé en remplacement d'une autre personne arrivée au terme de la période de son détachement. L'avantage du détachement conventionnel est de dispenser le salarié et son employeur d'affiliation et donc de paiement de cotisations au régime du pays d'emploi temporaire.

Le détachement légal[2] concerne les salariés qui ne sont pas ou plus concernés par le détachement conventionnel. Ils sont soumis à la législation française de sécurité sociale à la condition que leur employeur s'engage à acquitter l'intégralité des cotisations dues. Le détachement légal ne peut excéder une durée maximale de 3 ans renouvelable une fois, soit 6 ans.

Quelle que soit la nature du détachement, la personne détachée est réputée avoir conservé sa résidence et son lieu de travail en France, ce qui lui permet de conserver des droits aux prestations du régime français[3]. C'est une fiction territoriale. Le travailleur relevant du détachement légal a droit au remboursement des soins reçus à l'étranger dans la limite des tarifs de responsabilité du régime français et aux prestations en espèces (idem pour les prestations maternité) ; il n'a pas droit au maintien des allocations familiales pour les enfants qui l'accompagnent au-delà des 3 premiers mois. Le salarié détaché dans le cadre conventionnel peut obtenir le remboursement des soins de santé, soit sur la base des tarifs de responsabilité du régime français, soit sur la base des tarifs locaux. Il a droit également aux prestations en espèces (idem pour les prestations maternité). Il a droit au maintien des allocations familiales françaises pour les enfants qui l'accompagnent.

1. Art. L761-1 CSS
2. Art. L762-2 CSS.
3. Art. L761-1 et L761-2 CSS.

Le détachement ne fait pas disparaître le risque de double cotisation. Le salarié n'est dispensé de l'affiliation au régime de sécurité sociale du pays d'accueil et de l'obligation de cotiser qui en découle que si une convention internationale ou un règlement communautaire le prévoit expressément.

B. L'expatriation hors de la Communauté européenne

Le français installé à l'étranger de façon permanente est soumis à la loi de sécurité sociale de son pays de résidence et cesse en principe de relever de la sécurité sociale française. Cela entraîne des inconvénients évidents quand l'État d'accueil ne dispose que d'une sécurité sociale peu élaborée, du point de vue des risques couverts ou du niveau des prestations. Aussi, pour ne pas contrarier l'activité internationale des entreprises françaises et ne pas décourager l'installation des nationaux à l'étranger, la règle a été adaptée. Un régime français de sécurité sociale parallèle, sans territorialité, a été mis en place pour eux. Avant de l'exposer, il convient de définir qui sont les bénéficiaires, en d'autres termes, les expatriés.

La notion d'expatrié. Si l'expatrié est en principe un français[1], l'expatriation recouvre plusieurs situations. Il s'agit tout d'abord du salarié envoyé en poste fixe à l'étranger quand l'employeur n'a pas opté pour le détachement, soit par choix, soit par impossibilité (si la durée de la mission excède la limite fixée pour le détachement). Il s'agit aussi du salarié embauché sur place, directement par l'entreprise étrangère ou par l'intermédiaire d'une entreprise française agissant pour le compte d'une filiale étrangère. C'est enfin celui qui a choisi d'exercer une activité indépendante à l'étranger, quel que soit l'État.

La sécurité sociale de l'expatrié. L'expatrié est assujetti au régime local de sécurité sociale même s'il le considère insuffisant et il doit s'acquitter des cotisations. C'est la conséquence du principe de territorialité. En vertu de l'égalité de traitement, il a aussi les mêmes droits et obligations que les nationaux. Pour s'assurer une couverture sociale satisfaisante, il peut être amené à rechercher, pour lui-même et sa famille, des garanties complémentaires ou de remplacement. Il y sera particulièrement enclin quand le régime local est

1. La qualité d'expatrié peut exceptionnellement être attribuée au non national.

insuffisant, quand aucun instrument international de sécurité sociale ne vient assurer la coordination des prestations et la préservation des droits acquis. Il peut alors adhérer librement à des assurances privées ou encore aux assurances volontaires de la sécurité sociale.

L'expatrié peut ainsi recourir aux contrats particuliers proposés par la plupart des grandes compagnies d'assurances, contrats dits « régimes-loi », qui permettent aux expatriés d'obtenir des garanties comparables à celles offertes par le régime français de sécurité sociale.

Il peut encore choisir d'adhérer aux assurances volontaires du régime des expatriés. Cette possibilité, qui existe depuis la loi du 10 juillet 1965 pour le risque vieillesse, a surtout été développée par la loi du 31 décembre 1976. Désormais, l'assurance volontaire des salariés expatriés leur permet aussi de se couvrir contre les risques maladie et invalidité, contre les charges de maternité, contre les accidents du travail et les maladies professionnelles et contre le risque vieillesse[1]. L'assuré choisit les risques contre lesquels il souhaite s'assurer et n'est pas obligé de souscrire toutes les assurances volontaires. Cependant, alors que l'adhésion à l'assurance volontaire maladie maternité est possible pour les salariés, les non-salariés, les titulaires d'un avantage vieillesse servi par un régime français, les diverses catégories de bénéficiaires de prestations françaises[2], et tous les autres français[3], les assurances volontaires invalidité et accidents du travail sont réservées aux salariés. L'assurance volontaire vieillesse est quant à elle ouverte aux salariés et aux non-salariés[4]. Le montant des prestations maladie, maternité, invalidité et accident du travail est calculé selon les règles du régime général, et les pensions de vieillesse sont calculées en fonction des règles des régimes de salariés ou de non salariés. Les régimes de retraite complémentaire, AGIRC et ARRCO, prévoient aussi pour les expatriés l'adhésion volontaire. Une lacune subsiste cependant car l'expatrié accompagné par sa famille perd le bénéfice des prestations familiales[5].

---

1. Art. L762-1, L763-1, L764-1.
2. Art. L765-1 à L765-2-1 CSS.
3. L762-1, L763-1, L764-1, L765-3 CSS.
4. Art. L742-1 et L742-6-2e CSS.
5. Art. L762-1 CSS.

Le mécanisme est donc original. Il consiste dans l'adhésion volontaire à une caisse spécialisée, la Caisse des Français à l'étranger. Depuis la loi du 13 janvier 1984, cette caisse, qui a succédé à la caisse des expatriés, gère l'ensemble des risques, à l'exception du risque vieillesse, et recouvre l'ensemble des cotisations afférentes, y compris celles du risque vieillesse[1]. Les cotisations sont assises sur une assiette forfaitaire et le bénéficiaire choisit entre un minimum et un maximum. Ces assiettes sont égales à la moitié, aux deux tiers ou à la totalité du plafond de la sécurité sociale, selon le niveau des revenus des assurés. Le système des cotisations déroge donc aux règles générales relatives à l'assiette, au taux et à la charge, car le débiteur des cotisations est le salarié. Toutefois, ces cotisations peuvent être prises en charge en tout ou en partie, par voie d'accord, par l'employeur. Du reste, les entreprises de droit français peuvent effectuer les formalités nécessaires à l'adhésion pour le compte des travailleurs salariés qu'elles emploient à l'étranger. Elles sont même tenues de le faire quand les salariés le demandent.

1. L'assurance volontaire vieillesse ne constitue pas un régime à part. Elle se fond dans les régimes obligatoires, les périodes d'assurance obligatoire et volontaire étant totalisés pour ouvrir les mêmes droits.

Chapitre 2

La protection contre le risque professionnel

Propos introductifs. Accidents du travail, maladie professionnelle, accidents du trajet, trois déclinaisons du risque professionnel respectivement reconnues par la loi en 1898, 1919 et 1946, cette dernière année marquant aussi leur intégration à la sécurité sociale. Le droit du risque professionnel dont la construction est aujourd'hui encore inachevée a évolué par à-coups, au gré des interventions du législateur, peu nombreuses, et des avancées jurisprudentielles, audacieuses. Il s'enracine dans la loi du 9 avril 1898. En réponse à l'impuissance de la responsabilité civile à indemniser convenablement les victimes des risques nouveaux nés de l'industrialisation, le Parlement installe un régime autonome de réparation des accidents du travail. À l'issue de près de vingt ans de débats parlementaires, la loi pose des principes qui demeurent aujourd'hui encore. Le système de réparation s'écarte de la logique de la responsabilité civile. La victime de l'accident du travail a droit à une réparation automatique et forfaitaire et l'employeur bénéficie d'une immunité. Marginalisée, la faute n'a vocation à être prise en compte que si sa gravité, hors du commun, le justifie. Elle emporte alors une double conséquence : elle affecte le niveau de la réparation forfaitaire, et permet de lever l'immunité de l'employeur et d'engager sa responsabilité. Ces fautes, dont la gravité particulière justifie de perturber le principe de la réparation forfaitaire, sont les fautes intentionnelles et inexcusables. Lorsqu'elles sont commises par la victime, elles suppriment ou réduisent la réparation à laquelle elle aurait pu prétendre et, lorsqu'elles sont commises par l'employeur, elles justifient à la fois la majoration des indemnités forfaitaires et la mise en jeu de sa responsabilité sur le plan délictuel, ou par un régime spécifique au droit de la sécurité sociale.

Ce système d'indemnisation, qui permet aux victimes d'accident du travail de se libérer des contraintes de la responsabilité civile, constitue un progrès immense à la fin de XIXe siècle. Les victimes sont dispensées de prouver la faute de l'employeur ou du co-préposé et elles ne peuvent se voir opposer leur faute simple, contrairement au droit commun de la responsabilité civile. Elles sont aussi assurées d'obtenir une réparation quand l'auteur de la faute est insolvable ou quand aucune faute n'est à l'origine de l'accident. C'est incontestablement une sécurité nouvelle puisque, dans des cas semblables, la responsabilité civile était impuissante. Ce système, aussi destiné à simplifier et pacifier les rapports internes à la collectivité de travail, n'a pas vocation à s'exporter hors de l'entreprise. La victime peut donc agir contre les tiers à l'entreprise qui ont participé à l'accident, conformément aux règles de la responsabilité civile. Le tiers s'expose en outre au recours de la caisse primaire d'assurance maladie en remboursement des prestations versées.

Originellement limité aux accidents du travail survenus dans les entreprises industrielles et aux travaux dangereux, ce dispositif d'indemnisation étend peu à peu son champ d'application. Entre 1899 et 1938, il se propage à l'ensemble des activités professionnelles subordonnées[1]. Puis, la loi du 25 octobre 1919 y soumet les maladies professionnelles et la loi du 30 octobre 1946 les accidents du trajet. Malgré les adaptations légales[2], le droit de l'indemnisation du risque professionnel est resté assez fidèle à ses principes fondateurs.

1. Loi du 30 juin 1899, exploitations agricoles avec des machines motorisées ; loi du 15 juillet 1914, exploitations forestières ; loi du 2 août 1923, gens de maison ; loi du 1er juillet 1938 : suppression de la condition tenant à un contrat de louage de services valable.

2. Certaines sont remarquables : possibilité pour les victimes d'accidents du trajet de demander réparation à un membre de l'entreprise pour les accidents du trajet (1972), et pour les accidents du travail accidents de la circulation (1993), élargissement de la notion de maladie professionnelle (1993).

Alors, devant cette relative stabilité, face aux progrès d'une responsabilité civile tendant vers la réparation intégrale et dans l'attente d'une réforme, les juges se sont emparés de la notion de faute inexcusable, malléable, pour améliorer l'indemnisation des victimes d'accidents du travail et de maladies professionnelles.

I. Les formes du risque professionnel

À l'origine, seul l'accident du travail est indemnisé, sans doute parce qu'il est au cœur de l'exécution du travail et qu'il frappe par son immédiateté. Les maux nés du travail sont néanmoins beaucoup plus variés. Aussi, la notion de risque professionnel[1] s'est élargie pour accueillir les maladies professionnelles et les accidents du trajet dont le lien avec l'activité professionnelle, évidente, justifie qu'ils soient soustraits au champ des assurances sociales.

1. L'accident du travail

Selon l'article L411-1 du Code de la sécurité sociale, « est considéré comme accident du travail, quelle qu'en soit la cause, l'accident survenu par le fait ou à l'occasion du travail à toute personne salariée ou travaillant, à quelque titre que ce soit ou en quelque lieu que ce soit, pour un ou plusieurs employeurs ou chefs d'entreprise ». La formulation est sensiblement la même qu'en 1898. Seuls les termes « quelle qu'en soit la cause » ont été rajoutés par la loi du 30 octobre 1946, de sorte qu'il existe une certaine continuité de l'interprétation jurisprudentielle. L'accident du travail est un fait accidentel qui présente un caractère professionnel.

A. *La notion de fait accidentel*

L'événement est un accident s'il remplit des conditions matérielles et consiste dans une lésion corporelle.

1. M. Badel, « La notion de risque professionnel : état des lieux à la lumière des dernières évolutions », *RDSS* 2004. 208.

a. Les conditions matérielles

L'article L411-1 ne définit pas l'accident. Il ne l'oppose même pas à la maladie. Les juges se sont donc employés, sous l'empire de la loi de 1898, à distinguer la maladie de l'accident. Selon eux, « l'accident est une atteinte au corps humain provenant de l'action soudaine et violente d'un élément extérieur[1] », ces trois caractères étant indispensables pour caractériser le phénomène accidentel. Progressivement cependant, la soudaineté devient le critère essentiel de l'accident. Dans les années 1960[2], les juges considèrent que le caractère soudain est fondamental pour caractériser l'accident et le dissocier de la maladie. Ils opposent l'accident à l'événement progressif dont le point de départ passe inaperçu et auquel il est impossible d'assigner une origine ou une date certaine. Les critères de violence et d'extériorité passent alors au second plan, le caractère violent faisant du reste souvent double emploi avec la soudaineté car, la violence est *a fortiori* soudaine[3].

La définition de l'accident privilégiant le critère de **la soudaineté** inspire une jurisprudence nourrie et constante. Pour être qualifié *accident*, l'événement en cause doit avoir une date certaine. Il peut consister dans une pluralité de faits car les juges ont récemment admis que « constitue un accident du travail un événement ou une série d'événements survenus à des dates certaines dont il est résulté une lésion corporelle[4] ». Cette exigence permet de soustraire à la qualification d'accident les actions lentes dont l'origine ne se trouve pas dans un fait précis identifiable[5]. Elle conduit aussi à donner aux qualifications d'accident et de maladie un caractère alternatif de principe. Pour autant, quand la lésion est une maladie qui trouve son origine dans un fait accidentel, les juges lui attribuent la qualification d'accident du travail, même quand la pathologie n'apparaît pas de façon simul-

1. Ch. réunies, 7 av. 1921, S. 1921. 1. 81.
2. Soc. 25 juin 1964, *Bull.* V, n° 562, confirmé par Ass. pl. 21 mars 1969, *Bull.* n° 3.
3. Les juges admettent la violence pour des piqûres d'insectes, l'éclatement d'une ampoule, un changement brutal de température. Soc. 17 janv. 1991, *RJS* 1991, n° 993
4. Soc. 2 av. 2003, *Dr. soc.* 2003. 673, *D.* 2003. 1724, note Kobina Gaba.
5. Ne constitue pas un accident du travail l'affection liée à la répétition d'un même geste, Soc. 26 juin 1980, *Bull.* V, n° 535. De même, pour des gestes répétitifs avec des micro-chocs répétés dus à l'utilisation d'un marteau piqueur, Soc. 7 déc. 1995.

tanée[1], et sans exiger que le fait présente obligatoirement un caractère anormal[2]. Des difficultés de qualification majeures peuvent apparaître lorsque l'apparition de la maladie est différée par rapport au fait accidentel générateur. Aussi, pour des pathologies spécifiques, le législateur a institué des procédures particulières de prise en charge[3].

La question de **l'extériorité** est sans doute plus complexe car elle impose de se référer à la cause de l'accident. Certes, les termes « quelle qu'en soit la cause » ajoutés en 1946 auraient dû conduire la jurisprudence à intégrer dans les accidents du travail des événements tenant à la constitution organique de la victime. Pourtant, les juges ont d'abord estimé que l'événement soudain qui s'était révélé à l'occasion de l'accident du travail ne devait pas avoir une origine interne à l'individu. Énergiquement critiquée par la doctrine, cette lecture est rapidement abandonnée pour considérer que « si la notion d'accident du travail implique l'existence d'un traumatisme, c'est-à-dire d'une lésion causée par un agent extérieur, cette condition est remplie quand la lésion est causée par un effort, même accompli dans un acte normal provenant de l'action du travailleur sur la matière objet de son travail[4] ». Ainsi la jurisprudence reconnaît-elle aujourd'hui comme accident du travail des faits dont le caractère interne n'est guère contestable : entorses, luxations, déchirures musculaires survenues à la suite d'efforts dans le travail, même si ces efforts consistent dans l'exécution normale du travail. Par la suite, plusieurs arrêts ont considéré que « la brusque survenance d'une lésion physique au temps et au lieu de travail constitue par elle-même un accident imputable au travail »[5]. La qualification professionnelle ne peut être écartée que par la preuve de l'absence imputabilité de l'accident au travail, ce qui suppose d'identifier la cause[6].

1. Affections oculaires ou lésions de l'appareil auditif dues l'exposition à des agents lumineux ou acoustiques, complications pulmonaires liées à l'exposition à des produits chimiques…
2. Maladie déclarée après un vaccin imposé au salarié pour des raisons professionnelles, Soc. 2 av. 2003, *Dr. soc.* 2003. 673 ; dépression soudaine apparue après un entretien d'évaluation, Civ. 2e, 1er juil. 2003, *Liaisons sociales*, Bref social, n° 13967, 12 sept. 2003, p. 1.
3. Cas de l'infection par le VIH, arrêté du 18 janvier 1993 et circulaire du 23 mars 1993.
4. Soc. 23 nov. 1961, *Bull.* IV, n° 204.
5. Soc. 21 oct. 1965, *Juris. Soc.* 1966. 245.
6. Soc. 18 mai 1966, *Bull.* IV, n° 468. Voir *infra*.

b. La lésion et l'accident

L'accident consiste dans une atteinte à l'organisme humain dans son sens le plus large, quelles que soient sa nature et sa gravité. La lésion peut donc être interne ou externe, profonde ou superficielle, apparente ou non, physique ou psychologique. Une circulaire du 2 août 1982 indique qu'un accident du travail peut résulter d'une lésion psychique à la suite de menaces ou d'agressions. La blessure peut avoir entraîné des soins ou ne pas en avoir nécessité, mais, en tout état de cause, elle doit être constatée médicalement. Les juges admettent également que les détériorations de prothèses (lunettes, prothèses orthopédiques ou dentaires…) sont assimilables à des lésions car ils estiment que ces dernières constituent des prolongements du corps humain. L'article L432-5 du Code de la sécurité sociale énonce d'ailleurs que la victime a droit à la fourniture, à la réparation et au renouvellement des appareils de prothèse ou d'orthopédie nécessaires en raison de son infirmité, lorsque l'accident les a rendus inutilisables. En revanche, les détériorations de vêtements ou d'objets personnels échappent à l'indemnisation automatique et forfaitaire[1].

La lésion doit être en relation avec le fait accidentel. Le plus souvent, la lésion provient à l'évidence de l'accident parce qu'elle se manifeste de façon simultanée[2]. Toutefois, elle peut aussi apparaître tardivement et le lien qu'elle entretient avec l'accident est alors moins évident. Pour éviter à la victime d'avoir à le prouver, la jurisprudence a créé très tôt une présomption d'origine qui est une présomption simple d'imputabilité de la lésion à l'accident[3] : toute lésion qui se manifeste dans un accident du travail doit être considérée, sauf preuve contraire, comme résultant de l'accident. Pour appliquer la présomption, les juges s'attachent à la concomitance entre l'accident et la lésion[4]. Elle peut toutefois être renversée s'il est établi que la lésion est due à une cause connue totalement étrangère au travail, telle une pathologie préexistante. Plus le temps

1. La victime peut en demander réparation à l'employeur dans les conditions posées par la législation sur le risque professionnel, ou au tiers selon les règles de la responsabilité civile.
2. Brûlure au contact d'un objet, fracture à la suite d'une chute, coupure avec l'outil de travail…
3. Ch. réunies, 7 av. 1921, S. 1922. 1. 81.
4. Soc. 8 juin 1995, *Bull.* V, n° 351 ; Soc. 4 déc. 1997, *RJS* 1998, n° 220.

passe, plus la présomption est fragilisée. Elle est même totalement anéantie si la lésion se manifeste trop tardivement après l'accident[1]. La victime doit alors prouver la causalité entre la lésion et l'accident en recourant à une expertise. Les arrêts qui font application de la présomption d'origine relèvent ainsi le « bref délai » qui s'est écoulé entre l'apparition de la lésion et le fait générateur même si, en 2003, la Chambre sociale a semblé relativiser cette exigence[2]. En cas de décès de la victime, ses ayants droit ne peuvent conserver le bénéfice de la présomption s'ils s'opposent à l'autopsie demandée par la caisse de sécurité sociale. La règle d'origine légale, sévère, se justifie néanmoins par le fait qu'ils mettent alors la caisse dans l'impossibilité d'apporter la preuve contraire ou, tout au moins, lui rendent la tâche beaucoup plus difficile.

B. Le caractère professionnel de l'accident

L'accident ne peut être professionnel que s'il entretient un lien suffisant avec le travail, ce qui le rend imputable au travail. Le Code de la sécurité sociale donne deux indications à cet égard : l'accident doit être survenu par le fait ou à l'occasion du travail. Le fait du travail est à la fois assez restrictif et commode à définir. Il désigne la blessure avec l'outil de travail, avec une machine, ou encore la blessure due à l'action d'un autre ouvrier. La notion d'occasion du travail, moins précise, est cernée depuis 1962[3] par les juges à partir du lien de dépendance qui unit le salarié à son employeur : si le salarié est sous l'autorité de l'employeur au moment de l'accident, l'accident doit être considéré survenu à l'occasion du travail. Une jurisprudence considérable existe sur cette question et la Cour de cassation a posé une règle de preuve simple et avantageuse pour les victimes : le travailleur est présumé sous l'autorité de

1. Soc. 16 juil. 1953, *Bull.* V, n° 946 ; Soc. 13 fév. 1997, *Bull.* V, n° 66.
2. « Quelle que soit la date d'apparition de celle-ci », Soc. 2 av. 2003, *Dr. soc.* 2003. 673.
3. Ch. réunies, 28 juin 1962, *JCP* 1962. II. 12822, concl. R. Lindon. J.-J. Dupeyroux, « La notion d'accident du travail », *D.* 1964, chron. 23 ; L. Millet, « Qu'est-ce qu'un accident du travail ? », *RPDS* 2001. 151.

l'employeur quand il est au temps et au lieu de travail. L'accident qui survient dans ces circonstances doit donc être présumé accident du travail. À défaut, le caractère professionnel de l'accident doit être prouvé, ce qui peut s'avérer particulièrement difficile. Aussi, les juges ont élaboré une présomption spécifique pour l'accident survenu en cours de mission.

a. Les accidents survenus au temps et au lieu du travail : la présomption d'imputabilité de l'accident au travail

Lorsque les conditions de temps et de lieu sont réunies, l'accident est présumé imputable au travail. La présomption, simple, peut être renversée par la preuve de la soustraction à l'autorité de l'employeur ou par la preuve d'une cause totalement étrangère au travail. Elle permet de modifier l'objet de la preuve, la victime devant prouver les conditions de temps et de lieu dans lesquelles l'accident s'est produit.

Le temps de travail. Il s'agit du temps normal passé à l'exécution de la prestation de travail et des périodes qui en sont proches. Le temps de travail englobe le temps pendant lequel le salarié se change dans les vestiaires, se douche, range ses outils… Il n'existe donc pas de coïncidence parfaite entre le temps de travail décompté pour la durée du travail, en droit du travail, et le temps de travail retenu pour l'accident du travail, en droit de la sécurité sociale. Cette conception large du temps de travail se justifie par le fait que plus le temps est proche de l'exécution du travail, plus l'autorité de l'employeur est latente. Ceci explique que les pauses et courtes interruptions de travail intervenues sur le lieu du travail sont assimilées au temps de travail. Le temps de travail n'est pas suspendu lorsque l'employeur ne s'y est pas expressément opposé[1], et à plus forte raison lorsqu'il les a encouragées[2]. De même, le temps consacré à une activité syndicale dans l'entreprise, rémunéré par l'employeur, est qualifié de temps de travail1[3]. En revanche, les périodes durant lesquelles

1. Pause justifiée par les nécessités de la vie courante, Soc. 9 av. 1973, *Bull.* V, n° 251 ; interruption du travail sur un chantier en raison d'intempéries, Soc. 30 mai 1980.
2. Participation à une collecte de sang dans l'entreprise, Soc. 22 mars 1979, *Bull.* V, n° 274.
3. Soc. 11 oct. 1990, *Bull.* V, n° 470.

le contrat de travail est suspendu ou pendant lesquelles l'autorité de l'employeur ne s'exerce plus ne peuvent être assimilées au temps de travail[1]. Dans ce contexte, l'astreinte soulève une difficulté particulière. Elle se présente en effet comme une période hybride durant laquelle le salarié doit rester à la disposition de son employeur tout en bénéficiant d'une relative liberté de mouvement. Sans être qualifiée de temps de travail en droit du travail, elle constitue une période où le salarié est sous l'autorité de son employeur. Pour cette raison, les juges décident que l'accident survenu pendant l'astreinte est présumé imputable au travail quand elle est effectuée dans un lieu imposé par l'employeur[2]. Le critère spatial vient alors renforcer le critère temporel.

Le lieu du travail. La jurisprudence a une conception si extensive du lieu de travail qu'elle lui substitue souvent un concept plus abstrait : le salarié est au lieu de travail quand il est soumis à l'autorité et au contrôle de l'employeur. Cette approche permet de considérer comme lieu de travail le poste de travail, les dépendances de l'entreprise, un parc de stationnement[3], les trajets organisés par l'entreprise quand l'employeur fournit le véhicule et rémunère le trajet comme du temps de travail et, plus largement, tous les lieux où le salarié se rend pour les besoins de l'entreprise[4]. La jurisprudence, très extensive, est en accord avec la lettre et l'esprit de l'article L411 1 du Code de la sécurité sociale pour lequel l'accident du travail peut intervenir en quelque lieu que ce soit.

Le renversement de la présomption. La présomption d'imputabilité de l'accident au travail peut être renversée soit par la preuve de la soustraction à l'autorité de l'employeur, soit par la preuve d'une cause totalement étrangère au travail.

1. Grève, Soc. 6 juil. 1965, *Bull.* IV, n° 558 ; congés payés, Soc. 17 mars 1980, *Bull.* V, n° 796 ; congé maternité, Soc. 28 juin 1989, *Bull.* V, n° 484.
2. Civ. 2e, 2 nov. 2004, *Dr. soc.* 2005. 233, *JCP* 2005. II. 10005, note A. Devers ; Soc. 2 av. 2003, *Bull.* V, n° 133, *RJS* 2003. 627, n° 940.
3. Ass. plén. 3 juil. 1987, *JCP* 1987. II. 20933.
4. Un restaurant si le repas entre dans le cadre de l'activité professionnelle (Soc. 17 fév. 1988, *Bull.* V, n° 110), à condition de ne pas avoir donné lieu à des débordements, notamment éthyliques, ce qui ne permet plus aucune activité intellectuelle (Soc. 1er juin 1978, *Bull.* V, n° 433).

La soustraction à l'autorité de l'employeur est facilement mise en évidence quand la victime a contrevenu aux instructions de l'employeur ou s'est livrée à des activités formellement interdites. Le juge considère que, dans de telles circonstances, le salarié retrouve son indépendance : la présomption, en contradiction avec la réalité, doit donc s'effacer. Il se montre tout de même assez indulgent dans son appréciation, comme s'il estimait que les écarts de conduite du salarié pouvaient être favorisés par l'exercice défaillant du pouvoir de direction. Ainsi, il estime que des rixes, plaisanteries ou jeux ne sont pas systématiquement constitutifs d'insubordination[1].

Par ailleurs, la présomption d'imputabilité de l'accident au travail est renversée par la preuve que le préjudice a une cause totalement étrangère au travail. Tel est le cas quand un état préexistant au travail est démontré, à condition qu'aucun doute ne subsiste sur la cause de l'accident. Une incertitude, si mince soit-elle, ne permet plus en effet d'affirmer que le travail n'a joué aucun rôle dans la réalisation de l'accident, et donc, d'écarter la présomption d'accident du travail. Outre la jurisprudence substantielle relative aux malaises cardiaques et accidents vasculaires cérébraux, quelques arrêts récents relatifs au suicide doivent être signalés. En effet, outre le problème du lien avec la faute intentionnelle que ce geste soulève, il renouvelle[2] la question du caractère pathogène de la relation de travail. La jurisprudence, particulièrement réceptive au phénomène du harcèlement au travail, refuse d'écarter la qualification d'accident du travail quand le suicide est intervenu dans un contexte de harcèlement moral[3] ou de dégradation des conditions du travail[4]. Lorsqu'il est en revanche démontré que le geste du salarié est un acte réfléchi, volontaire, et totalement étranger au travail, l'accident du travail est exclu[5].

1. Soc. 23 mai 1996, *Bull.* V, n° 206, Soc. 12 oct. 1967, *Bull.* V, 640 ; en sens contraire, Soc. 27 fév. 1969, *Bull.* V, n° 148.
2. Même si la question n'est pas totalement nouvelle. Y. Saint-Jours, « Le suicide en droit de la sécurité sociale », *D.* 1970, chron. 93. F. Boquillon, « Harcèlement professionnel, accident du travail et maladies professionnelles », *Dr. ouv.* 2000. 520.
3. TASS des Vosges, 28 fév. 2000, *LPA*, n° 209, 2000, p. 15, note O. Gulli.
4. CA Riom, 22 fév. 2000, *Dr. soc.* 2000. 805, obs. L. Millet.
5. Soc. 4 fév. 1987, *D.* 1987, somm. 325, note X. Prétot. ; Soc. 20 déc. 2001, *CSBP* n° 138, 2002, A18, note F.G. Pansier ; Civ. 2e, 18 oct. 2005, pourv. n° 04-30205, inédit.

b. La qualification professionnelle des accidents non survenus au temps et au lieu de travail

Par principe, les accidents non survenus au temps et/ou au lieu du travail ne bénéficient pas de la présomption d'imputabilité. Il appartient alors à la victime d'apporter la preuve que, au moment de l'accident, elle était sous l'autorité de son employeur. L'une des illustrations classiques réside dans les manifestations organisées ou recommandées par l'entreprise. Lorsque le salarié doit y participer, qu'il ne peut s'en dispenser sans encourir la réprobation de son employeur[1], il est soumis à l'autorité de l'employeur, ce qui justifie la qualification d'accident du travail. Une jurisprudence audacieuse s'est même détachée de cette référence pour attribuer la qualification professionnelle à l'accident alors que, au moment des faits, l'autorité de l'employeur ne s'exerçait pas. Dans ces décisions, au demeurant peu nombreuses, les juges se réfèrent au rapport étroit entre l'accident et le travail[2]. Dans le même esprit, la Chambre sociale a considéré que la suspension du contrat de travail n'empêche pas la qualification d'accident du travail quand la présence du salarié dans l'entreprise a un motif professionnel[3]. Elle a même admis comme accident du travail la chute du salarié qui participait à un entraînement bénévole durant son repos hebdomadaire[4]. Pour équitables qu'elles soient, ces décisions peuvent laisser sur une impression de malaise. Qui a en effet intérêt à l'adoption d'une notion élargie, moins précise et donc fragilisée de l'accident du travail ? Peut-être ces considérations ont-elles ramené les juges à une interprétation plus rigoureuse, recentrée sur le critère de l'autorité de l'employeur[5].

1. Soc. 13 mars 1980, Soc. 7 nov. 1984.
2. Soc. 4 fév. 1987, *Bull. V* Pour l'agression contre un chef d'agence bancaire à son domicile, les juges relèvent qu'elle était « en rapport étroit avec la mission qui lui avait été confiée par son employeur d'assurer, pour des raisons de sécurité, la garde d'une partie des clés de l'agence ».
3. Soc. 11 juil. 1996, Josso c/ CPAM de l'Aube et CPAM de Montpellier c/ Mme Berenguer, *RJS* 1996, observ. Y. Saint-Jours.
4. Soc. 18 déc. 1999, et note M. Badel, « Vers une définition extensive de l'accident du travail ? », *JCP* 2001. II. 10 464.
5. N'est pas un accident du travail le décès du salarié survenu alors que, en congé maladie, il participait à une réunion qu'aucune injonction de son employeur ni nécessité du service ne lui imposait, Soc. 24 oct. 2002, *TPS* 2003, comm. n° 27, note X. Prétot ; les conséquences d'une vaccination imposée au salarié en raison de son activité professionnelle, Soc. 2 avril 2003,

c. L'accident de mission

La mission se prête mal à l'application des critères de temps et de lieu qui conditionnent le jeu de la présomption d'imputabilité de l'accident au travail. En effet, par nature, la mission s'effectue hors de l'entreprise, mais selon les ordres et pour le compte de l'employeur. Aussi, le travailleur en mission pose un problème particulier. Il échappe en pratique au contrôle et à la surveillance de l'employeur, organise le plus souvent son travail à son gré, mais demeure, de façon théorique, dans sa sphère d'autorité.

Pendant longtemps, les juges ont traité cette situation ambiguë de la façon suivante. Ils estimaient que le salarié en mission était sous la subordination de son employeur quand il accomplissait des actes relevant du champ de son activité professionnelle ou de sa mission. En revanche, s'il avait retrouvé son indépendance au moment de l'accident ou avait cessé le travail pour un motif étranger à l'emploi, pour se livrer par exemple à des activités de distraction ou de détente, dans son intérêt personnel, la qualification d'accident du travail devait être écartée. Cette distinction conduisait les juges à soustraire à la qualification les accidents survenus à l'occasion d'actes de la vie courante[1], même si quelques arrêts tentaient de s'en extraire pour accorder la qualification quand, de toute évidence, le caractère singulier du contexte avait joué un rôle déterminant[2]. La jurisprudence judiciaire s'écartait ainsi de la jurisprudence administrative qui, pragmatique, était plutôt favorable à leur intégration aux accidents du travail, au motif que la mission plaçait la victime dans un environnement inhabituel.

Aussi, en 2001, la Chambre sociale a fini par modifier sa jurisprudence[3]. Abandonnant la distinction entre l'exécution de la mission proprement dite et l'acte de la vie courante, elle pose le principe selon lequel l'accident survenu en cours de mission est présumé accident du travail, sauf s'il est prouvé que le salarié a interrompu sa mission pour un motif personnel, ou que les lésions

1. Soins d'hygiène corporelle, repas, repos, sommeil.
2. CA Nancy, 13 fév. 2001, *D.* 2002. 1515, note H. Kobina Gaba.
3. Soc. 19 juil. 2001, *Dr. soc.* 2001. 1022, obs. X. Prétot ; Soc. 12 déc. 2002, *Bull.* V, n° 382, *RJS* 2003, n° 252 ; Soc. 13 fév. 2003, *JSL*, n° 120-10.

ou le décès du salarié ont une cause totalement étrangère au travail. Pour l'heure, les juges privilégient une conception étroite de l'intérêt personnel, ce qui permet d'appliquer assez largement la présomption d'accident du travail[1].

2. L'accident du trajet

L'exclusion originelle des accidents du trajet du champ d'application de la législation du risque professionnel s'expliquait par l'idée, du reste exacte, que la victime n'était pas placée sous l'autorité de l'employeur quand elle se rendait à son travail ou en revenait. Pourtant, l'émergence d'une conception élargie du risque professionnel a conduit la loi du 30 octobre 1946 à y intégrer l'accident du trajet. Malgré les premiers mots de l'article L411-2 qui le définit[2], l'accident du trajet ne peut pas être assimilé à l'accident du travail car celui qui en est victime est soumis à un régime juridique distinct. Contrairement à l'accidenté du travail, il ne bénéficie d'aucune des garanties contre le licenciement érigées par le droit du travail[3]. À sa différence aussi, depuis la loi du 6 août 1963, il n'est pas limité dans sa possibilité d'agir en réparation complémentaire de son préjudice, quelle que soit la personne qui est intervenue dans l'accident. L'employeur ne bénéficie donc à son égard d'aucune immunité[4]. Aussi, à l'époque où les victimes d'accident du travail/accident de la circulation ne pouvaient pas agir contre un membre de leur entreprise en réparation complémentaire sur le fondement de la loi du 5 juillet 1985[5], la qualification de l'accident constituait un enjeu considérable[6]. Depuis que cette

1. Civ. 2e, 12 mai 2003, *RJS* 2003, n° 1070 ; Civ. 2e, 1er juil. 2003, *Dr. soc.* 2003. 1138 ; Civ. 2e, 16 sept. 2003, *RJS* 2003, n° 1311.
2. « Est également considéré comme accident du travail… ».
3. Art. L122-32-1 CT. J.-Y. Frouin, « La protection de l'emploi des salariés victimes d'une maladie ou d'un accident », *RJS* 12/1995 ; Soc. 4 déc. 1996, *Dr. soc.* 1997. 100, obs. Y. Saint-Jours.
4. Art. L455-1 CSS.
5. Loi tendant à l'amélioration de la situation des victimes d'accidents de la circulation et à l'accélération des procédures d'indemnisation, instituant à leur profit un régime d'indemnisation particulièrement favorable. L. Bloch, *JCP* 1985. I. 3223, H. Groutel, *JCP* 1986. I. 3244.
6. Le problème de la qualification concernait les accidents de mission que les juges qualifiaient accidents du trajet pour permettre aux victimes d'agir sur le fondement de la loi de 1985. Ass. pl. 5 nov. 1992, 2 arrêts, *Dr. soc.* déc. 1992, concl. R. Kessous ; G. Vachet, « L'accident de la circulation au regard de la législation sur les accidents du travail », *RJS* 6/1993.

action a été ouverte aux victimes directes en 1993[1], et aux ayants droit en 1994[2], elle a perdu une partie de son intérêt[3].

A. *Le parcours protégé*

Pour être protégé, le parcours accompli par le salarié doit s'effectuer entre des extrémités déterminées et être en rapport avec le travail.

a. Les extrémités du trajet

Les extrémités du trajet permettent de déterminer matériellement le parcours protégé, de définir quand il commence et prend fin. Elles sont énumérées par l'article L411-2 du Code de la sécurité sociale. L'un des termes du trajet est toujours le lieu du travail qui s'entend, comme en matière d'accident du travail, de tout endroit où le salarié se trouve ou se rend sur l'ordre de son employeur. Si le salarié est en mission, le trajet intègre la mission et l'accident qui survient à cette occasion est un accident du travail. Les autres extrémités visées sont la résidence principale, qui comprend la maison d'habitation et ses dépendances, la résidence secondaire présentant un caractère de stabilité, par exemple une maison de campagne, même éloignée[4], mais en aucun cas un camping ou le domicile d'un ami[5]. Il peut s'agir encore, selon les termes de l'article L411-2, de tout autre lieu où le salarié se rend de façon habituelle pour des motifs d'ordre familial, ce qui suppose un séjour, et de tout lieu ou le salarié prend habituellement ses repas, ce qui s'entend d'un endroit où le repas est consommé[6].

---

1. Loi DMOS du 27 janvier 1993.
2. Loi relative à la santé publique et à la protection sociale du 18 janvier 1994.
3. Pour un accident de la circulation qualifié accident de mission, Civ. 2e, 12 mai 2003, *RJS* 2003, n° 2070, *TPS* 2003, n° 266.
4. Soc. 17 nov. 1987, 2 espèces, *Dr. soc.* av. 1988, Soc. 28 juin 1989, *Bull.* V, n° 755.
5. Soc. 17 janv. 1963, *Bull.* V, n° 146 ; Soc. 5 juil. 1978, *Bull.* V, n° 548.
6. Par exemple un jardin public, Soc. 8 nov. 1977, *Bull.* V, n° 602, un café, Soc. 10 fév. 1994, *RJS* 1994, n° 315, mais en aucun cas une épicerie, lieu des achats, Soc. 17 janv. 1971, *Bull.* V, n° 420.

b. Le lien entre le trajet et le travail

Le trajet doit avoir un lien suffisant avec le travail pour être protégé. Ce lien, étroitement défini à l'origine, tend à se distendre. Initialement, les juges exigeaient en effet que le trajet soit accompli dans l'intention d'aller travailler. Cette composante abstraite de l'accident du trajet les conduisait à écarter systématiquement de la protection les accidents qui s'étaient produits quand le salarié s'était rendu sur son lieu de travail pour des motifs personnels. La solution était *a fortiori* la même lorsque le contrat de travail était suspendu, par une grève, un arrêt maladie ou une sanction disciplinaire[1]. Pourtant, comme ils l'avaient fait pour l'accident du travail, les juges ont parfois tenu compte du motif professionnel du déplacement pour qualifier *accident de trajet* un déplacement qui n'était pas justifié par l'exécution de la prestation de travail[2].

B. Les modalités d'exécution du trajet

Pour être protégé, il ne suffit pas au trajet d'être accompli entre les termes requis, avec l'intention d'aller travailler. Il doit encore présenter des caractères de normalité qui sont appréciés sur les plans temporel et spatial, même si des détours ou interruptions sont tolérés.

a. La normalité du trajet

La normalité s'apprécie au regard des conditions de lieu et de temps dans lesquelles le trajet est effectué. Le trajet doit être accompli selon un itinéraire normal et dans un délai normal par rapport au début ou à la fin du travail. L'itinéraire normal est en principe le plus court, tout en restant adapté au moyen de transport choisi. Les juges considèrent que l'itinéraire le plus court peut ne pas être le plus direct, s'il favorise un gain de temps. L'itinéraire le

1. Soc. 20 mars 1953, *JCP* 1953. II. 7681, Soc. 9 janv. 1985, *Bull.* V, n° 18, Soc. 4 oct. 1979, *Bull.* V, n° 697.
2. Trajet effectué par un salarié non syndiqué pour se rendre à une réunion syndicale, Soc. 21 mars 1996, *Bull.* V, n° 112, *D.* 1997. 79, note Y. Saint-Jours.

plus court se définit alors comme le plus rapide[1]. La victime n'est toutefois protégée que si elle emprunte les voies normalement ouvertes à la circulation et compatibles avec le mode de déplacement utilisé[2]. Enfin, le trajet doit se situer dans un délai normal par rapport au début ou à la fin du travail. La normalité est appréciée en tenant compte du moyen de transport utilisé et des difficultés éventuelles de circulation. Les juges sont donc particulièrement attentifs aux horaires de travail et aux circonstances qui peuvent expliquer l'avance ou au contraire le retard pris par le salarié pour entreprendre le trajet. Tout motif d'ordre professionnel qui diffère la fin du travail justifie que le trajet soit retardé et qu'il conserve sa qualification professionnelle. De même, un événement indépendant de la volonté du salarié, tel un embouteillage, une panne ou une grève, n'entraîne pas l'anormalité[3]. En revanche, les convenances personnelles ne peuvent généralement justifier une modification du temps de déplacement[4], pas plus que des discussions syndicales[5].

b. Les détours et brèves interruptions

Selon l'article L411-2, le parcours reste protégé s'il n'a pas été « interrompu ou détourné pour un motif dicté par l'intérêt personnel et étranger aux nécessités essentielles de la vie courante ou indépendant de l'emploi ». **L'interruption**, qui suppose une pause délibérée dans le parcours, entraîne une suspension de la protection. Ne bénéficie donc pas de la protection la victime qui chute dans une boulangerie, un café, une station service, une pharmacie[6]… La protection reprend ensuite en même temps que le trajet. Quant au **détour**, il allonge le trajet le plus rapide, sans modifier ses extrémités. Il consiste donc à quitter l'itinéraire normal qui a reçu un commencement d'exécution, sans toutefois consister dans un trajet complètement différent, car il

1. Soc. 4 juil. 1958, *Bull.* IV, n° 869.
2. Soc. 5 janv. 1956, *Bull.* IV, n° 18 ; CA Paris, 29 juin 1992, *JCP E* 1992. Pan. 1201.
3. Soc. 30 nov. 1977, *Bull.* V, n° 666 ; Paris, 24 oct. 1994, *RJS* 1995, n° 69.
4. Soc. 4 déc. 1985, *Bull.* V, n° 571.
5. Soc. 23 mai 1975, *Bull.* V, n° 276.
6. Soc. 17 nov. 1977, *Bull.* V, n° 631 et 632 ; Ass. plén. 29 fév. 1968, *JCP* 1968. IV. 57 ; Soc. 26 fév. 1990, Somm., Séc. Soc. 1990. 4441.

s'agirait alors d'un trajet distinct. Dans tous les cas, l'interruption ou le détour doit s'expliquer par les **nécessités essentielles de la vie courante**[1]. Les juges, pragmatiques, privilégient une approche subjective et se déterminent en fonction des habitudes et du genre de vie des victimes. Aussi, même si on doit se garder de toute systématisation, les détours ou interruptions sont généralement tolérés s'ils sont justifiés par des menus achats, des soins urgents, des actes de dévouement, ou des nécessités familiales.

c. Le covoiturage

La notion d'itinéraire normal a été adaptée et l'article L411-2, 1° du Code de la sécurité sociale a été complété par la loi en 2001[2]. Il est désormais admis que le trajet peut ne pas être le plus direct quand le détour effectué est rendu nécessaire dans le cadre d'un covoiturage régulier. Cette disposition, outre l'intérêt pour la définition des détours tolérés, présente celui de montrer qu'un parcours, dépourvu du caractère direct, donc en principe « anormal », reste protégé en cas de covoiturage régulier. La jurisprudence sera, à l'évidence, amenée à définir la régularité. On peut penser qu'elle fera preuve du même pragmatisme que pour la définition de « tout autre lieu où le salarié se rend de façon habituelle ». Il est donc probable que, sans exiger la constance, les juges seront attentifs à la répétition du covoiturage et excluront du champ d'application du texte des actes ponctuels ou très isolés.

3. Les maladies professionnelles

Ignorées en 1898, les maladies professionnelles sont assimilées à l'accident du travail pour leur indemnisation par la loi du 25 octobre 1919. Cette dernière fonde le droit aux prestations sur un régime juridique autonome. Pour ouvrir droit aux prestations, la maladie professionnelle doit avoir été préalablement identifiée comme telle[3]. Cela est fait au moyen de tableaux préétablis, publiés

1. J.-P. Brunet, « Notion de détour par nécessité essentielle de la vie courante », *Gaz. Pal.* 1973. 2. doct. 759.
2. Loi du 17 juil. 2001 portant diverses mesures d'ordre social, éducatif et culturel, art. 27.
3. Art. L461-1 CSS : « Est présumée d'origine professionnelle toute maladie désignée dans un tableau de maladies professionnelles et contractée dans les conditions mentionnées à ce tableau ».

à l'issue d'études épidémiologiques qui permettent d'établir la fréquence anormalement élevée d'une pathologie chez des travailleurs présentant les mêmes caractéristiques, soit du fait de l'activité professionnelle exercée, soit du fait des matériaux ou outils employés. Ces tableaux contiennent la liste limitative des maladies nées du travail et, pour chacune d'entre elles, les conditions d'ouverture du droit à prestation. C'est donc un mécanisme à la fois original et particulièrement efficace qui est installé en 1919 car, lorsque le salarié remplit les conditions posées, sa maladie est déclarée professionnelle. C'est aussi malheureusement un système très fermé car, faute de figurer au tableau, une maladie pourtant née du travail ne peut être professionnelle. C'est pourquoi ce système, initialement fermé et rigide, a dû être assoupli pour reconnaître des maladies professionnelles là où les tableaux ne le permettaient pas. C'est à la loi du 27 janvier 2003 que l'on doit ces aménagements.

A. *Le système des tableaux de reconnaissance de maladies professionnelles retenu en 1919*

La première affection à avoir été reconnue maladie professionnelle est le saturnisme, dû à la manipulation du plomb. Au fil des années, le nombre des maladies professionnelles a augmenté (98 en 2006) et les tableaux se sont enrichis pour accueillir des pathologies extrêmement variées, pour certaines assez peu surprenantes bien que d'une grande gravité (affections pulmonaires, leucémies, cancer du poumon, tétanos, sciatiques…), pour d'autres plus inattendues (acné, otite, rage, troubles digestifs ou intestinaux…). Aussi, pour en faire une présentation synthétique, on range classiquement les maladies professionnelles en trois groupes : les manifestations morbides d'intoxication aiguës ou chroniques, les infections microbiennes, les maladies consécutives à l'ambiance ou l'attitude particulière imposée au travailleur. La grande majorité des tableaux comporte trois colonnes : la première désigne la maladie, la deuxième précise de délai de prise en charge qui est la durée durant laquelle le salarié doit avoir été exposé, la troisième énonce la liste des travaux susceptibles de provoquer la maladie, liste tantôt indicative, tantôt limitative selon les affections.

Ces tableaux offrent l'avantage indéniable de poser une présomption irréfragable de maladie professionnelle. Ils mettent automatiquement en relation des maladies avec des travaux et dispensent la victime de prouver le lien de causalité entre son affection et son travail. Elle doit uniquement démontrer qu'elle est atteinte de la maladie, qu'elle a exercé l'activité répertoriée par le tableau, et qu'elle remplit la condition tenant au délai de prise en charge. Le système, scientifiquement fondé sur des études épidémiologiques, est donc socialement avantageux. Mais il présente aussi des inconvénients majeurs, unanimement dénoncés[1]. Il est rigide, la maladie ne pouvant être qualifiée professionnelle, quand bien même la victime est en mesure de démontrer son origine professionnelle. Les tableaux évoluent lentement, les procédures permettant de recueillir des études concluantes étant nécessairement longues. Ils sont peu adaptés aux pathologies professionnelles modernes qui ne sont plus spécifiquement professionnelles et se caractérisent par des étiologies variées.

B. Les aménagements réalisés par la réforme de 1993

Les droits international et communautaire invitaient de longue date à décloisonner le système de reconnaissance des maladies professionnelles[2]. Déjà, en 1962, une recommandation de la Communauté européenne attendait des États membres qu'ils adoptent une liste uniforme de maladies ou agents susceptibles de les provoquer, et qu'ils ouvrent aux travailleurs « un droit à réparation pour les maladies ne figurant pas sur la liste nationale mais dont l'origine professionnelle était suffisamment établie ». Une seconde recommandation de 1966, relative aux conditions d'indemnisation complète, incitait à la suppression des conditions limitatives que sont les durées d'exposition et les délais de prise en charge. Dans le même sens, en 1964, la convention n° 121 de l'OIT invitait les États à convenir de dispositions « permettant d'établir l'ori-

1. Y. Saint-Jours, « Normaliser l'indemnisation des victimes des maladies professionnelles », *JCP E* 1991. 50 ; G. Dorion, « Accidents du travail et maladies professionnelles : adaptations aux réalités d'aujourd'hui », *Dr. soc.* 1992. 128 ; P. Leroy, « La réparation de maladies à caractère professionnel est-elle satisfaisante ? », *Dr. ouv.* 1992. 199.
2. M. Seillan, « Évolution de l'indemnisation des maladies professionnelles », *Act. Légis.* Dalloz 1994. 96.

gine professionnelle de maladies autres que celles qui figurent sur la liste ou de maladies qui ne se manifestent pas dans les conditions prescrites ». Le système mixte prôné par le droit *supra* national avait déjà été retenu par plusieurs États européens[1]. Aussi, son adoption par la loi de 1993 était-elle attendue et opportune[2]. Ce texte, qui réalise un complètement du dispositif existant, améliore de façon substantielle la reconnaissance des maladies professionnelles.

Les aménagements résident dans l'institution de deux nouveaux modes de reconnaissance[3]. En premier lieu, une maladie qui figure dans un tableau, mais pour laquelle une ou plusieurs conditions posées ne sont pas remplies, peut désormais être reconnue d'origine professionnelle à condition d'établir qu'elle est *directement causée* par le *travail habituel* de la victime. En second lieu, une maladie non désignée dans un tableau peut aussi être reconnue d'origine professionnelle s'il est établi qu'elle *est directement et essentiellement causée* par le *travail habituel* de la victime et qu'elle entraîne le *décès* de celle-ci ou une *incapacité permanente* au moins égale 25 %[4]. Dans les deux cas, une procédure particulière est instituée, faisant intervenir un comité régional de reconnaissance des maladies professionnelles dont l'avis motivé permet à la caisse primaire d'assurance maladie de reconnaître l'origine professionnelle de la maladie[5]. Selon le cas cependant, la théorie de la causalité retenue diffère. Si la maladie a été préalablement repérée professionnelle par un tableau, l'équivalence des causes est admise, comme si la maladie bénéficiait d'un *a*

1. Italie, Espagne, Allemagne, Luxembourg, Portugal, Danemark. M. Fuchs, « Structure et légitimation de l'assurance accidents légale : une étude de droit comparé », *Rev. inter. séc. soc.* 1997.19.
2. P. Leroy, «L'introduction du système mixte de reconnaissance des maladies professionnelles», *Dr. ouvr.* 1993. 199. Y. Saint-Jours, « La reconnaissance de maladies professionnelles depuis la loi n° 93-121 du 27 janvier 1993 », *D.* 1994. 59 ; M. Badel, « Le perfectionnement du dispositif de réparation du risque professionnel par le droit social », *Dr. soc.* 1998. 644.
3. Art. L461-1, al. 3 et 4 CSS.
4. Ce taux était au départ fixé à 66,66 %, ce qui réservait cette procédure de reconnaissance aux cas d'incapacité les plus lourds. C'est un décret du 18 avril 2002 qui a ramené ce taux à 25 %.
5. Art. L461-1 al. 5 et D461-26 à D461-31 CSS ; P. Leroy, « Le comité régional de reconnaissance des maladies professionnelles », *Dr. ouv.* 1994.105.

priori favorable. Si elle ne l'a pas été, la causalité adéquate et une gravité suffisante de l'incapacité sont requises, ce qui témoigne d'une plus grande réserve – méfiance ? – à l'égard d'une maladie dont le caractère professionnel est revendiqué, malgré le silence des tableaux.

II. La réparation du risque professionnel

L'indemnisation du risque professionnel obéit à des règles spécifiques qui se démarquent très nettement du droit de la responsabilité civile. Elle est automatique, ce qui dispense la victime d'avoir à prouver une responsabilité si elle établit l'existence d'un risque professionnel. Elle est seulement forfaitaire, ce qui implique qu'elle n'est pas orientée vers la réparation intégrale. Pour les accidents du travail et les maladies professionnelles, le régime de l'indemnisation se caractérise par une marginalisation des fautes de la victime, de l'employeur et des copréposés. Contrairement au tiers à l'entreprise exposé au recours de la victime, les membres de la communauté de travail de la victime jouissent d'une immunité de principe. Cette immunité ne tombe qu'en cas d'accident de la circulation, de fautes intentionnelles et inexcusables. Ces deux derniers types de fautes peuvent aussi être retenues à l'encontre de la victime et altérer son indemnisation forfaitaire.

1. L'indemnisation forfaitaire du risque professionnel

Le risque professionnel provoque généralement une lésion qui entraîne des soins et un arrêt de travail, source de perte de revenu. Pour obtenir les prestations en nature et en espèces qui compensent ces préjudices, la victime doit respecter des formalités peu nombreuses, mais rigoureuses. Elles consistent dans des obligations d'information et de déclaration à l'employeur qui doit à son tour informer la caisse primaire d'assurance maladie, quelle que soit sa perception de l'accident dont il reste libre de contester la nature professionnelle. Ces obligations doivent être scrupuleusement respectées pour permettre à la caisse primaire de se prononcer sur la demande de réparation et, éventuellement, de contester le caractère professionnel du fait en cause.

A. *Les prestations en nature*

Les prestations en nature doivent permettre à la victime de se soigner et, si nécessaire, de recouvrer ses aptitudes physiques et professionnelles.

a. Les soins médicaux

La prise en charge des soins médicaux est particulièrement favorable à la victime. Cette dernière, bénéficiant de la technique du tiers-payant, est dispensée de l'avance des frais. Les professionnels et auxiliaires de santé (médecins, pharmaciens, établissements de soins, entreprise de transport sanitaire…), librement choisis par la victime, sont directement payés par la caisse primaire d'assurance maladie pour les prestations fournies (soins, médicaments, appareillage…). La victime n'est pas soumise au principe de la participation aux frais, généralement applicable aux prestations en nature de l'assurance maladie. Elle est donc dispensée du ticket modérateur et du forfait hospitalier. Pour autant, il serait hâtif de conclure à la gratuité totale. La prise en charge ne se fait à 100 % que dans la limite du tarif opposable à l'assurance maladie. La victime devra donc supporter les dépassements tarifaires et le coût des prestations pour lesquelles aucune tarification n'existe.

b. La réadaptation et la rééducation de la victime

Le risque professionnel peut laisser des séquelles. Pour y répondre, la législation du risque professionnel comporte des prestations spécifiques dont l'objet est de donner à la victime les moyens de retrouver son aptitude physique ou, s'il lui est manifestement impossible d'occuper son ancien emploi, de lui permettre d'occuper un emploi adapté à ses aptitudes actuelles.

La victime peut ainsi recevoir un traitement spécial en vue de sa réadaptation fonctionnelle[1]. Il est demandé par la victime ou par la caisse s'il apparaît favorable à la guérison, à la consolidation ou à l'atténuation de l'incapacité. Ce traitement peut s'accompagner de l'admission dans un établissement public ou dans un établissement autorisé à cet effet. La victime est alors tenue de se soumettre aux traitements prescrits, aux visites médicales et aux contrôles

1. Art. L432-6 et s. CSS.

organisés par la caisse. Elle doit s'abstenir de toute activité non autorisée, et accomplir les exercices et travaux prescrits pour favoriser sa rééducation ou son reclassement professionnel.

La victime peut également bénéficier d'une rééducation professionnelle[1] quand elle devient inapte à sa profession ou a besoin, pour l'exercer de nouveau, d'une réadaptation. La victime est alors admise gratuitement dans un établissement public ou privé de rééducation professionnelle, ou placée chez un employeur pour y apprendre la profession de son choix, sous réserve de présenter les conditions d'aptitude requises. C'est pourquoi elle ne peut accéder à ce dispositif qu'après s'être présentée à un examen psychotechnique. La victime conserve son droit aux prestations en espèces durant cette période.

B. Les prestations en espèces

Des prestations sont dues à la victime directe ou, si elle est décédée du fait du risque professionnel, à ses ayants droit.

a. Les prestations en espèces dues à l'assuré victime

Deux types de situations, assez différentes, doivent être distinguées. Elles résultent du caractère temporaire ou permanent de l'incapacité et donnent lieu au versement de prestations en espèces distinctes.

Indemnités journalières en cas d'incapacité temporaire. Leur fonction est de compenser la perte de salaire. Elles sont mises en paiement par la caisse primaire d'assurance maladie dès la réception du certificat attestant la nécessité de l'arrêt de travail. Versées dès le premier jour de l'arrêt de travail, donc sans délai de carence, leur montant est calculé à partir d'un salaire de référence dont le mode de détermination dépend de la périodicité des paies[2]. Si le salaire est réglé mensuellement, il est tenu compte du dernier salaire perçu et le salaire journalier de base est fixé à 1/30 du montant de la dernière paye. La rémunération brute et ses accessoires (avantages en nature, pourboires,

1. Art. L432-9 CSS.
2. Définie dans les conditions posées par l'art. R433-5 CSS.

primes à certaines conditions…) sont pris en compte. Pendant les 28 premiers jours de l'arrêt de travail, l'indemnité journalière est égale à 60 % du salaire journalier de base et, partir du 29e jour, à 80 %. Contrairement à une idée reçue, la victime du risque professionnel ne bénéficie donc pas de la compensation intégrale de sa perte de salaire. De plus, les indemnités journalières, soumises à la règle du plafonnement, ne peuvent dépasser un montant fixé par décret, quel que soit le revenu ayant servi de base au calcul.

Pendant la période indemnisée, la victime ne doit en principe exercer aucune activité professionnelle. Si elle se livre malgré tout à un travail, rémunéré ou non, exercé à titre libéral ou salarié, elle s'expose à la suppression totale ou partielle des indemnités journalières dont la caisse peut demander la restitution. La reprise d'un travail léger peut être exceptionnellement autorisée par le médecin conseil de la caisse s'il est de nature à favoriser la guérison ou la consolidation[1]. Dans ce dernier cas, le versement de l'indemnité journalière est maintenu.

Les indemnités journalières sont servies pendant toute la période d'incapacité de travail, jusqu'à la guérison complète de la victime, la consolidation de sa blessure (stabilisation de son état), ou jusqu'à son décès.

Rente ou capital en cas d'incapacité définitive. Le versement de cette prestation doit être envisagé quand l'état de la victime est consolidé, c'est-à-dire stabilisé, et qu'une incapacité permanente représentant une réduction définitive de la capacité de travail subsiste. La prestation consiste dans une compensation financière et peut revêtir deux formes : une rente périodique, quand le taux d'incapacité est reconnu supérieur à 10 %, la rente étant convertible en capital[2] ; une indemnité en capital quand le taux d'incapacité est reconnu inférieur à 10 %. Le montant de la rente (ou du capital) est égal au salaire de référence multiplié par le taux de la rente obtenu à partir du taux d'incapacité de la victime. Il est ainsi déterminé au moyen d'un mode de calcul compliqué qui fait intervenir le taux d'incapacité et le salaire antérieur de la victime, auxquels sont appliqués des correctifs.

1. Art. L433-1, al. 5 CSS.

2. Ord. 15 av. 2004 et décrets n° 2006-111 et 2006-112 du 2 fév. 2006.

Le taux d'incapacité réelle de la victime est fixé par le service médical de la caisse primaire d'assurance maladie d'après la nature de l'infirmité (à partir de barèmes officiels) et la personnalité de la victime (état général, caractéristiques physiques et mentales, aptitudes et qualification professionnelles...)[1]. Le taux réel d'incapacité ainsi fixé subit une correction et c'est ce taux corrigé qui devient le taux de la rente. La partie du taux réel qui ne dépasse pas 50 % est divisée par deux, celle qui excède 50 % est augmentée de moitié. Ce mode de calcul, qui conduit à diminuer sensiblement le taux réel, est largement défavorable aux incapacités permanentes légères. Il n'y aura coïncidence des deux taux que dans le cas de l'incapacité totale permanente.

Le salaire de la victime s'entend de la rémunération effective totale reçue chez un ou plusieurs employeurs pendant les douze mois civils précédant l'arrêt de travail consécutif à l'accident[2]. Des correctifs interviennent toutefois pour déterminer le « salaire utile » auquel doit être appliqué le taux « corrigé ». Ainsi, le salaire retenu est enfermé dans une double limite, un plancher et un plafond. Il ne peut être inférieur au montant du salaire minimum de base. Il est pris en compte dans sa totalité dans la limite de deux fois le salaire minimum, pour un tiers pour la fraction qui se situe entre 2 et 8 fois le salaire minimum. La fraction de la rémunération supérieure à 8 fois le salaire minimum n'est pas prise en compte.

Enfin, la victime a droit à une majoration de 40 % de la rente quand son incapacité lui impose l'assistance d'une tierce personne pour les actes ordinaires de la vie[3].

b. Les prestations en espèces dues aux ayants droit en cas de décès de la victime

Lorsque le risque professionnel a entraîné la mort de l'assuré, des prestations en espèces sont servies aux ayants droit pour les aider à supporter les frais funéraires et le préjudice économique résultant de la perte du salaire de la victime. Les frais funéraires sont payés par la caisse primaire d'assurance

1. Art. L432-2, al. 1 CSS.
2. Art. R434-30 CSS.
3. Art. L434-2 et R434-2 et R434-3 CSS.

maladie dans la double limite des frais exposés et d'un plafond fixé par décret[1]. Les frais de transport du corps vers le lieu de la sépulture sont pris en charge si l'éloignement de la victime au moment du décès a un motif professionnel[4].

Par ailleurs, les proches de la victime peuvent prétendre à des pensions s'ils sont désignés ayants droit par la loi. La liste de ces ayants droit, longtemps marquée par une belle stabilité, s'est récemment élargie pour accueillir des personnes habituellement privées de droits aux pensions de survivant[2]. Ainsi, le conjoint[3], ou aussi désormais le concubin ou la personne liée par un pacte civil de solidarité, a droit à une rente viagère égale à 40 % du « salaire utile[4] ». À défaut d'enfant, le droit à la prestation est soumis à la condition d'antériorité du mariage, du concubinage ou du PACS, de deux ans. En cas de séparation de corps ou de divorce, le conjoint ou l'ancien conjoint n'a droit à la rente viagère que s'il a obtenu une pension alimentaire, la rente étant ramenée au montant de ladite pension. En cas de remariage, il ne conserve ce droit que s'il a des enfants qui ont eux-mêmes droit à la rente d'orphelin. En effet, les enfants de la victime légitimes, naturels ou adoptifs, ont droit à une rente jusqu'à un âge limite en principe fixé à 16 ans. Cette limite peut être portée à 20 ans en cas de poursuite d'études ou d'impossibilité de travail due à une d'infirmité ou maladie chronique. La pension est fixée à 25 % du salaire utile pour chacun des deux premiers enfants, à 20 % au-delà de deux. Enfin, chaque ascendant reçoit une rente viagère égale à 10 % du salaire de la victime s'il prouve qu'il aurait pu obtenir de la victime une pension alimentaire si la victime n'avait ni conjoint ni enfant, ou qu'il était à la charge de la victime si cette dernière avait conjoint ou enfant. Le total des rentes versées aux ascendants ne peut excéder 30 %.

Le bénéfice de la qualité d'ayant droit n'étant pas alternatif, tous peuvent simultanément percevoir des pensions de survivant. Toutefois, le total des

1. Art. L435-1 et D435-1 CSS.
2. Art. L435-2 CSS.
3. Loi de financement de la sécurité sociale pour 2002 du 21 déc. 2001, *JO* du 26 déc.
4. Sont exclus du bénéfice de la prestation le conjoint condamné pour abandon de famille ou déchu de l'exercice de l'autorité parentale. Leurs droits sont transférés sur la tête des enfants et des descendants.

rentes versées aux ayants droit ne peut dépasser 85 % du salaire, sous peine de faire l'objet d'une réduction proportionnelle[1].

2. La répercussion des fautes intervenues dans la réalisation du risque professionnel

Différents acteurs peuvent intervenir sur la scène du risque professionnel et commettre des fautes. Le régime juridique applicable à leurs actes est conditionné par leur rapport à la victime. Si l'auteur de l'acte est un tiers à l'entreprise, la victime peut lui demander un complément d'indemnisation dans les conditions du droit commun. Si l'auteur de l'acte est l'employeur, un copréposé, ou la victime elle-même, seules les fautes intentionnelles et inexcusables ont des répercussions sur l'indemnisation.

A. *L'action d'un tiers à l'entreprise*

Le tiers à l'entreprise est extérieur au système de réparation propre au risque professionnel. Les prestations en nature et en espèces sont financées par des cotisations employeur dont le taux est majoré en fonction du coût global des risques dans l'entreprise ou la branche d'activité pour les accidents du travail et les maladies professionnelles, et dont le taux est fixe, unique et national pour les accidents du trajet. Ce mode de financement, auquel on attribue une vertu de responsabilisation, est rattaché à la théorie du risque profit[3]. Puisque l'employeur retire un bénéfice de l'activité professionnelle des salariés, il doit répondre des dangers auxquels il les expose et des dysfonctionnements dans l'entreprise, quand bien même il n'aurait commis aucune faute. Si l'employeur n'est pas traité en responsable des risques professionnels, il continue néanmoins à en supporter la charge, via la cotisation. Il devient une sorte de garant dont la responsabilité sera recherchée quand il aura commis un acte particulièrement inacceptable, telle une faute intentionnelle ou inexcusable.

1. Art. L434-8 CSS.
2. Art. R434-17 *CSS2*
3. F. Ewald, *L'État providence*, Grasset, 1986, p. 229 et s.

Le tiers à l'entreprise est totalement étranger à ce mécanisme de réparation. Rien ne saurait dès lors justifier qu'il bénéficie d'une immunité quelconque. La victime du risque professionnel peut donc l'assigner en réparation complémentaire des préjudices non indemnisés par les prestations en nature et en espèces, sur le fondement de la responsabilité du fait personnel, du fait des choses ou du fait d'autrui, ou sur celui de la loi du 5 juillet 1985 en cas d'accident de la circulation. Dans ses rapports avec le tiers, la victime perd aussi toute immunité ce qui signifie que sa faute, même légère, pourra lui être opposée pour réduire son droit à réparation. Enfin, le tiers est encore exposé au recours subrogatoire de la caisse primaire d'assurance maladie en remboursement des prestations versées.

B. *La faute intentionnelle*

Sans doute parce que ses éléments constitutifs en font la faute dont le degré de gravité est le plus élevé, les conséquences de la faute intentionnelle sont radicales.

a. Définition de la faute intentionnelle

La définition de la faute intentionnelle est invariable et très stable, que la faute soit commise par la victime ou un membre de l'entreprise. « La faute intentionnelle de l'employeur ou de l'un de ses préposés suppose un acte volontaire accompli avec l'intention de causer des lésions corporelles et ne résulte pas d'une simple imprudence, si grave soit-elle[1] ». L'élément à la fois déterminant et indispensable consiste dans l'intention de nuire. S'il est généralement absent des actes de plaisanterie[2] et impossible à caractériser en cas d'inobservation des obligations professionnelles et réglementaires[3], il va de soi quand l'employeur ou le préposé a été condamné pour coups et blessures volontaires[4].

1. Soc. 13 janv. 1966, *Bull.* IV, n° 63 ; Civ. 2e, 21 sept. 2004, *RJS* 12/2004, n° 1324.
2. Soc. 26 janv. 1972, *JCP* 1972. IV. 357.
3. Crim. 19 fév. 1958, *Bull. crim.* n° 117.
4. Crim. 17 av. 1956, *JCP* 1956. IV. 77, *Bull. crim.* n° 453.

b. Conséquences de la faute intentionnelle

Les conséquences de la faute intentionnelle sont particulièrement sévères, quel que soit son auteur[1].

Commise par la victime, elle la prive de toutes les prestations spécialement prévues par la législation sur le risque professionnel. Elle s'oppose aussi au versement de pensions aux ayants droit, si la victime est décédée. Enfin, elle déchoit la victime et les ayants droit de toutes les prestations en espèces des assurances sociales (indemnités journalières de maladie ou pension d'invalidité pour l'assuré, capital décès pour les ayants droit). Au bout du compte, la victime ne peut percevoir que les prestations en nature de l'assurance maladie.

Commise par l'ayant droit, elle le déchoit de ses droits qui sont transférés, s'il y a lieu, sur la tête des autres ayants droit. L'auteur de la faute est en quelque sorte frappé d'indignité.

Commise par l'employeur ou les copréposés de la victime[2], elle produit une double conséquence. En premier lieu, elle permet à la caisse régionale d'assurance maladie d'imposer à l'employeur une cotisation supplémentaire. En second lieu, et c'est là sa conséquence la plus remarquable, elle ouvre à la victime une action de droit commun en réparation du préjudice causé. Ses ayants droit profitent aussi de cette ouverture. Comme la victime, ils peuvent agir sur le fondement de la responsabilité du fait personnel ou du fait d'autrui, ce qui n'est pas négligeable depuis que la loi a permis à l'employeur de s'assurer contre les fautes intentionnelles de ses préposés[3]. La caisse primaire d'assurance maladie en revanche ne dispose pas de cette option pour l'exercice de son recours en remboursement des prestations versées. Le Code de la sécurité sociale lui impose d'agir contre « l'auteur de l'accident[4] ».

1. Art. L453-1 CSS.
2. Art. L452-5 CSS.
3. Loi du 27 janv. 1987 codifiée sous l'art. L452-4 CSS. Il est par contre impossible de s'assurer contre sa propre faute intentionnelle.
4. Art. L452-5 CSS.

C. Les fautes inexcusables

Le pluriel peut surprendre. Pourtant, si les définitions des fautes inexcusables de l'employeur et de la victime ont longtemps reposé sur les mêmes éléments constitutifs et nourri un concept unitaire, tel n'est plus le cas aujourd'hui. Depuis les arrêts « amiante » rendus en 2002, la faute inexcusable de l'employeur prend ancrage dans son obligation contractuelle de sécurité de résultat, tandis que celle du préposé reste assez fidèle à ses composantes habituelles.

a. La faute inexcusable de l'employeur ou du substitué dans les pouvoirs de direction

Définition. La faute inexcusable n'est pas définie par l'article L452-1 du Code de la sécurité sociale. Jusqu'aux arrêts « amiante » de 2002[1], la définition de la faute inexcusable, qu'elle soit celle de l'employeur, de son substitué[2] ou de la victime, reposait sur cinq éléments cumulatifs. Les quatre premiers avaient été dégagés par les Chambres réunies le 15 juillet 1941[3]: la faute inexcusable consistait dans un acte ou une omission volontaire, d'une exceptionnelle gravité, commis avec la conscience du danger et dépourvu de cause justificative. Cette définition avait été complétée en 1950 par la composante causale[4]. Pour être inexcusable, la faute devait être la cause déterminante de l'accident ou de la maladie. Il en résultait logiquement l'impossibilité d'admettre le concours de fautes inexcusables. Si concours de fautes il y avait, seule pouvait être qualifiée *inexcusable* celle qui, en plus de présenter les quatre premiers caractères, avait joué un rôle déterminant dans l'accident. Cette approche de la faute inexcusable était au fond assez logique car, à l'ori-

1. Soc. 28 fév. 2002, *RJS* 2002, n° 618.
2. Le substitué est le préposé investi par l'employeur d'un pouvoir de direction, un rôle de simple surveillance étant insuffisant. Soc. 2 nov. 1945, *JCP* 1945. II. 3011 ; Soc. 15 mars 1962, *Bull.* IV, n° 297 ; Soc. 19 fév. 1969, *Bull.* V, n° 120.
3. Ch. réunies 15 juil. 1941, *JCP* 1941. II. 1705, note Mihura.
4. Soc. 17 fév. 1950, *Bull.* III, n° 168 ; Ass. plén., 18 juil. 1980, *JCP* 1980. II. 19642, note Y. Saint-Jours ; A. Cœuret, « La faute inexcusable et se applications jurisprudentielles », *Gaz. Pal.* 18-19 décembre 1987 ; R. Jaillet, *La faute inexcusable en matière d'accident du travail et de maladie professionnelle*, LGDJ, 1980.

gine, c'est son caractère hors du commun qui expliquait les dérogations au principe de la réparation forfaitaire. Ce caractère pouvait justifier l'unicité de la faute inexcusable et expliquer le particularisme de la composante causale.

Cette conception de la faute inexcusable va voler en éclats à partir des arrêts du 28 février 2002[1]. Ces décisions ne sont en effet que le point de départ des changements progressifs qui vont affecter la définition de la faute inexcusable de l'employeur. L'un de ces arrêts pose le principe d'une obligation de sécurité de résultat, originaire du contrat de travail, qui pèse sur l'employeur. Il en résulte que la simple survenance de l'accident, en montrant que le résultat n'a pas été atteint, donne naissance à une présomption de faute inexcusable. La preuve de l'exceptionnelle gravité devient donc inutile. Par ailleurs, des arrêts postérieurs[2] précisent que, pour être inexcusable, la faute n'a plus à être la cause déterminante et montrent que l'employeur peut renverser la présomption en prouvant son absence de conscience du danger.

L'explication de cette évolution conceptuelle tient tout entière dans le rôle central joué par la faute inexcusable dans l'accès à la réparation complémentaire. En effet, confrontés à des principes d'indemnisation rigides et à une responsabilité civile performante dans l'attribution de la réparation intégrale, les juges tentent de tirer parti de la notion de faute inexcusable, malléable, pour permettre aux victimes d'améliorer leur réparation forfaitaire. L'interprétation de la notion est donc purement utilitariste.

Conséquences. La faute inexcusable emporte deux conséquences majeures sur l'indemnisation. La première consiste dans la majoration de la rente de la

1. L. Millet, « La faute inexcusable de l'employeur en cas d'accident du travail », *RDPS* 2003. 181 ; N. Dupuy-Loup, « La faute inexcusable de l'employeur au-delà du 28 février 2002 », *RCA* 2002, n° 2, p. 6 ; A. Lyon-Caen, « Une révolution dans le droit des accidents du travail », *Dr. soc.* 2002. 445 ; Ph. Coursier, « Risque professionnel et faute inexcusable en matière d'amiante : obligations de sécurité de résultat », *JCP E* 2002, act. 68.

2. M. Badel, « Le contrat de travail, l'obligation de sécurité de résultat et la faute inexcusable dans le risque professionnel, suite », *Lamy Droit des affaires*, n° 52, 2002, p. 13 ; Soc. 11 av. 2002, *Bull.* V, n° 127 ; Soc. 31 oct. 2002, *Bull.* V, n° 336, *SSL* 3 mars 2003, n° 1112, p. 60 ; Soc. 14 déc. 2004, *JCP* 2005. II. 10133.

victime ou de ses ayants droit[1]. La caisse propose au bénéficiaire de la rente la majoration et, à défaut d'accord amiable, le contentieux relève du tribunal des Affaires de sécurité sociale. Le Code de la sécurité sociale ne disant rien de l'évaluation de la majoration, les juges se sont longtemps laissé guider, de façon peu objective, par la gravité de la faute inexcusable de l'employeur, admettant même, ce qui était contestable, qu'une faute concourante de la victime (excusable), devait conduire à minorer la majoration. Puis, à la faveur de l'intense activité jurisprudentielle développée en 2002 pour redéfinir la faute inexcusable, les juges ont décidé qu'en cas de faute inexcusable de l'employeur, la majoration de la rente devait être maximale, sauf faute inexcusable concourante de la victime[2]. Cette solution, satisfaisante à certains égards, est fragilisée par un dernier rebondissement jurisprudentiel de la fin 2004. Les juges estiment désormais que c'est la réduction de la capacité qui doit déterminer la majoration de la rente[3]. Compte tenu du mode de calcul de l'incapacité et des correctifs appliqués[4], il n'est pas sûr que les créanciers de la rente gagnent en niveau d'indemnisation.

La seconde conséquence concerne la réparation complémentaire dont la mise en œuvre est soumise à un régime dérogatoire au droit commun[5]. La victime ou ses ayants droit peuvent la demander à l'employeur ou à son substitué devant les juridictions de sécurité sociale dans la limite des chefs de préjudices prévus par le Code. Pour la victime, il s'agit des souffrances physiques et morales, des préjudices esthétiques et d'agrément, de la perte ou de la diminution des possibilités de promotion professionnelle. Pour les ayants droit, il s'agit uniquement de la réparation du préjudice moral. La faute inexcusable de l'employeur ou de son substitué ne permet donc pas l'obtention d'une réparation intégrale.

1. Art. L452-2 CSS.
2. Soc. 19 déc. 2002, comm. M. Badel, « Nouvelle étape dans l'indemnisation des victimes d'accident du travail : calcul de la rente et fautes inexcusables », *LPA* 22 avril 2004, p. 12.
3. Civ. 2e, 14 déc. 2004 CPAM Calvados c/ Sté Valéo, comm. M. Badel, « La majoration doit suivre l'évolution du taux d'incapacité de la victime », *JCP* 2005. II. 10133.
4. Voir *supra*.
5. Art. L452-3 CSS.

b. La faute inexcusable de la victime

Définition. Même si, au détour des arrêts de 2002 sur la faute inexcusable de l'employeur, il était facile de deviner que celle du salarié avait aussi perdu son caractère déterminant, ce n'est qu'au début de l'année 2004 que la définition de la faute inexcusable du salarié est énoncée : il s'agit de « la faute volontaire, d'une exceptionnelle gravité, exposant sans raison valable son auteur à un danger dont il aurait dû avoir conscience[1] ».

Conséquences. Certitudes et incertitudes… Ainsi peut être sommairement résumé l'état d'esprit de celui qui doit aujourd'hui présenter les conséquences de la faute inexcusable de la victime. La certitude est dans le texte. Le Code de la sécurité sociale l'énonce de la façon la plus claire, le Conseil d'administration de la caisse primaire d'assurance maladie peut diminuer la rente s'il estime que l'accident est dû à une faute inexcusable de la victime[2]. L'emploi du mot « peut » montre que ce n'est pas une obligation, celui du terme « diminuer » avertit qu'il ne saurait être question de supprimer. L'incertitude est dans les innovations des juges. En l'état actuel de la jurisprudence, la faute inexcusable de la victime permet de minorer la majoration fondée sur la faute inexcusable de l'employeur et fixée conformément au taux d'incapacité. Cette minoration de la majoration n'est pas prévue par le Code de la sécurité sociale. Quant à l'évaluation de la minoration justifiée par la faute inexcusable, elle reste à la discrétion du juge, guidé par la gravité de la faute inexcusable. Mais « comment mesurer le degré de gravité de la faute inexcusable[3] ? » La question fort pertinente posée par le Professeur Groutel dès 1975 est plus que jamais d'actualité…

1. Civ. 2e, 27 janv. 2004, *TPS* 2004, n° 92, *D.* 2004. 285, *JSL* 2004. 140.
2. Art. L453-1, al.2 CSS.
3. Soc. 5 fév. 1975, *Dr. soc.* 1975. 545, note H. Groutel.

Chapitre 3

Les assurances sociales

« Les assurances sociales du régime général couvrent les risques ou charges de maladie, d'invalidité, de vieillesse, de décès, de veuvage, de maternité et de paternité, dans les conditions fixées dans les articles suivants ». À en croire les termes de l'article L311-1 du Code de la sécurité sociale, le champ d'application matériel des assurances sociales couvrirait de façon spécifique ces divers risques. Mais, à y regarder de plus près, l'annonce est peut-être trompeuse. En effet, lorsqu'on parcourt le Code et qu'on recense les titres relatifs aux assurances sociales, on ne trouve nulle trace d'une assurance paternité (c'est un congé paternité qui est mentionné) et on apprend que l'assurance veuvage est abrogée. C'est qu'il n'existe en réalité que cinq assurances sociales : l'assurance maladie, l'assurance maternité, l'assurance invalidité, l'assurance vieillesse et l'assurance décès.

I. L'assurance maladie

La maladie est le risque pour lequel le champ d'application personnel est le plus large grâce aux effets conjugués de la définition pragmatique de la notion d'assuré, de la technique des droits dérivés et de l'aménagement de voies d'accès spécifiques (assurance volontaire et CMU de base). La fonction de l'assurance maladie est double : compenser la perte de revenu consécutif à l'arrêt de travail par des prestations en espèces, et favoriser l'accès aux soins par le service de prestations de base, les prestations en nature.

1. Les prestations en espèces

Ce sont les indemnités journalières. Destinées à compenser partiellement le salaire perdu à cause de l'arrêt de travail, elles constituent un revenu de remplacement. Leur bénéfice est réservé aux seuls assurés sociaux.

A. *Les bénéficiaires des indemnités journalières*

Les indemnités journalières sont versées en vertu d'un droit propre contributif de l'assuré. Elles sont la contrepartie des cotisations sociales qu'il a acquittées. Pour y avoir droit, l'assuré social doit satisfaire des conditions appréciées au jour de l'arrêt de travail effectif. De façon pragmatique, ces conditions se réfèrent soit au montant des cotisations, soit au nombre d'heures de travail salarié pendant une période de référence variable en fonction de la durée de la période indemnisée[1]. Ainsi, en fonction de l'effort contributif fourni, la durée de la période indemnisée sera plus ou moins longue. Pour avoir droit aux indemnités journalières les six premiers mois, l'assuré doit avoir payé un montant de cotisations au moins égal à 1 015 fois le SMIC ou avoir effectué au moins 200 heures de travail salarié. Pour avoir droit aux indemnités journalières au-delà du sixième mois, l'assuré doit avoir payé un montant de cotisations au moins égal à 2 030 fois le SMIC ou avoir effectué au moins 800 heures de travail salarié.

B. *Le montant et la durée de versement des indemnités journalières*

Montant. Le montant de l'indemnité journalière est obtenu par l'application d'un taux au salaire de référence constituant la base de calcul[2]. Le calcul de ce montant demande d'isoler deux périodes et, pour chaque période, de tenir

1. Art. R313-3 CSS.
2. En principe, les trois salaires bruts précédant l'arrêt de travail (art. R323-4 CCS). La détermination de la base de calcul diffère selon la périodicité de la rémunération.

compte du nombre d'enfants à charge de l'assuré. Un nouveau taux, fixé par un arrêté de janvier 2006, doit être appliqué aux arrêts de travail à partir du 1er janvier 2006[1]. Pendant les trois premiers mois de l'arrêt de travail, l'assuré perçoit une indemnité journalière qui s'élève à 50 % du gain journalier de base. Pour les assurés qui ont au moins trois enfants à charge, elle est portée à 66,66 % du gain journalier après le 31e jour. À compter du troisième mois de perception ininterrompue, un coefficient de majoration de 1,018 % est désormais appliqué à ces taux en cas d'augmentation générale des salaires. C'est sur ce dernier point que porte la réforme. Jusqu'alors, l'augmentation de l'indemnité journalière intervenait à compter du septième mois de perception ininterrompue : elle était portée à 51,49 % et, pour l'assuré assumant la charge de trois enfants, à 68,66 % du gain journalier de base. Ce mode de calcul continue à s'appliquer aux arrêts de travail de plus de six mois en cours d'indemnisation au 1er janvier 2006. Dans tous ces cas, le montant des indemnités est plafonné[2]. Depuis 1979, ces indemnités entrent dans l'assiette de l'impôt sur le revenu, sauf en cas de maladie longue et coûteuse. Elles sont soumises à la CSG et à la CRDS.

Les indemnités journalières sont donc bien des prestations de base qui laissent supporter à l'assuré une partie des conséquences économiques de la maladie. Certes, elles peuvent être complétées par des indemnités complémentaires légales[3] et/ou conventionnelles. Toutefois, les premières sont réservées aux salariés qui ont trois mois d'ancienneté et ne sont versées qu'après un délai de carence de 10 jours, et les secondes sont soumises aux aléas de la négociation collective.

Durée. Les indemnités journalières sont versées pendant toute la durée de l'arrêt de travail prescrit par le médecin, à partir du quatrième jour. La règle est toutefois assortie de limites qui demandent de distinguer selon la nature de la maladie à l'origine de l'arrêt de travail.

1. Arrêté du 16 janv. 2006, *JO* du 1er fév., art. L323-4 CSS.
2. Au 1er janvier 2006, les plafonds sont les suivants : dans le cas général, 43,15 € puis 44,38 € ; pour les assurés ayant trois enfants à charge pour, 57,53 € puis 59,17 .
3. Loi du 19 janv. 1978 avalisant l'accord national interprofessionnel du 10 déc. 1977 sur la mensualisation. Elles assurent pendant le 1er mois une garantie de salaire de 90 %, et de 66 % les 30 jours suivants. Ces durées augmentent avec l'ancienneté.

S'il s'agit d'une affection de longue durée[1], les indemnités peuvent être versées pendant trois ans à compter de la constatation de l'affection. La prolongation du versement au-delà de six mois est conditionnée par une antériorité d'immatriculation d'un an et soumise à des formalités spécifiques (constatation de la maladie, contrôles spéciaux, visites médicales, abstention d'activité non autorisée, respect du protocole de soins…)[2]. En outre, l'assuré n'a aucun droit acquis au versement des indemnités journalières durant trois années, même en cas de longue maladie. Si son état de santé, stabilisé, révèle une invalidité, il peut être transféré dans l'assurance invalidité, même s'il n'a pas épuisé ses droits aux indemnités journalières.

Quand l'assuré est atteint d'une maladie ordinaire, il a droit, pour une ou plusieurs maladies, à 360 indemnités journalières au maximum pour une durée de trois ans.

Dans tous les cas, pour toute interruption de travail dépassant trois mois, le médecin conseil de la caisse, en liaison avec le médecin traitant, peut solliciter le médecin du travail pour préparer et étudier les conditions et les modalités de reprise du travail, ou envisager les démarches de formation. Ces dispositions, issues de la loi de réforme de l'assurance maladie du 13 août 2004, illustrent l'objectif de lutte contre les arrêts de travail injustifiés.

C. Les conditions posées pour le versement des indemnités journalières

Pour percevoir les prestations en espèces, les assurés malades sont tenus de se soumettre à des contrôles divers[3]. Ils doivent respecter des obligations de deux ordres.

Les premières sont de nature administrative et consistent dans des déclarations qui n'ont d'autre objet que de déclencher le paiement des indemnités journalières. Le prescripteur de l'arrêt de travail doit délivrer à l'assuré malade

1. La maladie de longue durée correspond à l'une des 31 maladies énumérées « comportant un traitement prolongé et une thérapie particulièrement coûteuse » énumérée par l'art. D322-1 CSS. C'est aussi la pathologie qui entraîne une incapacité de travail de longue durée et l'association de une ou plusieurs affections entraînant un état invalidant.
2. Art. L324-1 et R324-1 à R324-4 CSS.
3. M. Harichaux, « Le contrôle de l'assuré en arrêt de travail pour maladie », *RDSS*. 1986. 502.

un document destiné au contrôle médical de la caisse, contenant les éléments d'ordre médical qui justifient l'interruption de travail. Ceci permettra éventuellement au service du contrôle médical de vérifier si le motif donné par le prescripteur correspond à l'état du malade. L'assuré doit informer la caisse dans les deux jours de la prescription par l'envoi de ce formulaire, sous peine de perdre tout droit aux indemnités journalières. En cas de prolongation, les mêmes formalités doivent être observées.

Les secondes sont des obligations de comportement qui s'expliquent, de près ou de loin, par l'idée que les indemnités journalières doivent permettre à l'assuré de se soigner pour retrouver son aptitude au travail. Aussi le bénéficiaire doit-il observer les prescriptions du praticien, se soumettre aux contrôles organisés par le service du contrôle médical, respecter les heures de sortie autorisées par le praticien, qui ne peuvent excéder trois heures consécutives par jour, et s'abstenir de toute activité non autorisée. L'assuré doit cesser toute activité professionnelle et, plus largement, s'abstenir de toute activité bénévole, de loisir ou domestique si elle est incompatible avec la prescription du repos. Par exception et uniquement pour des raisons thérapeutiques, l'assuré peut percevoir une indemnité journalière partielle et la cumuler avec un revenu d'activité partielle. En cas d'inobservation volontaire de ces obligations, la caisse peut retenir, à titre de pénalité, tout ou partie des indemnités journalières. L'assuré s'expose à des sanctions équivalentes s'il est absent de son domicile au moment du contrôle, même si les juges semblent admettre que la soustraction non intentionnelle au contrôle justifie d'écarter la sanction[1].

2. Les prestations en nature

Les prestations en nature couvrent les frais médicaux engagés par l'assuré ou ses ayants droit. Selon l'énumération de l'article L321-1 du Code de la sécurité sociale, ce sont notamment les frais de médecine générale, spéciale, chirurgicale, les frais pharmaceutiques auxquels sont assimilés les frais d'analyse et d'examen de laboratoire, les frais de transport. Ce sont encore les frais de soins et d'hospitalisation relatifs à l'interruption volontaire de grossesse, les

1. Soc. 4 juin 1992, *Bull.* V, n° 371 ; Soc. 17 mai 2001, *Bull.* V, n° 175, pour un bénéficiaire atteint de troubles neurologiques.

médicaments, produits et objets contraceptifs, les frais d'appareil et de prothèse, les frais d'hospitalisation et de traitement dans les établissements de soins, de réadaptation et de rééducation. À cette liste qui fait une large place aux soins curatifs, il faut ajouter quelques prestations qui ont une fonction préventive essentielle, tels les examens de dépistage et les vaccinations obligatoires.

A. *Les bénéficiaires*

Le groupe des bénéficiaires des prestations en nature s'est sensiblement élargi depuis 1945. Les efforts tendant à la réalisation du droit à la santé ont en effet conduit à diversifier les possibilités d'acquérir des droits propres et des droits dérivés. En outre, les personnes qui cessent de remplir les conditions pour relever, soit en qualité d'assuré, soit en qualité d'ayant droit, du régime général, bénéficient du maintien de leurs droits pendant douze mois à compter de la date à laquelle les conditions ne sont plus remplies[1].

a. La diversification des droits propres

Les titulaires de droits propres sont les assurés, affiliés obligatoires au régime général, et les personnes qui relèvent de la couverture maladie universelle, qu'elles soient ou non redevables de cotisation.

Les assurés. La décennie 1990-2000 a été marquée par une évolution considérable des règles d'accès aux prestations nature de l'assurance maladie maternité. Déjà, en 1992, une première réforme avait voulu adapter les conditions d'ouverture des droits à l'emploi précaire[2]. Le droit aux prestations en nature était ouvert, pour une ou deux années, en considération des cotisations versées ou du nombre d'heures travaillées. Ces conditions, qui étaient appréciées à la date des soins, ont été suspendues à compter du 1er janvier 2000 par la loi instituant la CMU[3]. Désormais, les conditions de durée minimale d'immatri-

1. Art. L161-8 CSS.
2. La loi du 29 juillet 1992 a aussi révisé le régime du revenu minimum d'insertion. Art. L313-1 et R313-1 à R313-9 CSS. J.-P. Chauchard, « Emploi précaire : l'ébauche d'une protection sociale adaptée », *SSL* 20 sept. 1993, n° 663.
3. Loi n° 99-641 du 27 janv. 1999, art.6.

culation ou d'affiliation exigées pour percevoir les prestations en nature de l'assurance maladie et maternité sont supprimées dans tous les régimes obligatoires. Par ailleurs, le Code de la sécurité sociale accorde le bénéfice des prestations en nature des assurances maladie et maternité aux personnes qui bénéficient de certains congés familiaux[1], qui accomplissent le service national, et aux détenus libérés.

Les personnes couvertes au titre de la CMU de base. La loi du 27 juillet 1999 portant création de la couverture maladie universelle permet aux personnes ne revelant d'aucun régime obligatoire, résidant en France de façon stable et régulière, d'être affiliés à l'assurance maladie du régime général. Tout en restant fidèle au principe contributif, elle admet une dispense de cotisation pour les personnes dont les ressources sont inférieures à un plafond annuel. Elle se présente comme un droit gratuit pour les plus démunis.

b. L'extension des droits dérivés

Si la notion d'ayant droit est commune aux assurances sociales et à la couverture du risque professionnel[2], elle reçoit un contenu spécifique en matière d'assurance maladie, sans doute parce que, permettant d'élargir le cercle des bénéficiaires, elle contribue à l'effectivité d'un droit à valeur constitutionnelle, le droit à la santé.

Originellement, la notion d'ayant droit s'est construite par référence aux liens familiaux les plus classiques. Cette qualité est d'abord attribuée au **conjoint** non divorcé, s'il n'est pas affilié obligatoire du fait de son activité professionnelle. Elle n'est donnée qu'à un seul conjoint, la conception française du mariage, monogame, interdisant aux épouses de polygames d'en bénéficier simultanément. Seuls sont pris en charge les frais engagés par l'épouse pour laquelle le polygame assuré a produit la première demande de

1. Allocation de présence parentale, congé parental d'éducation, complément de libre choix d'activité, complément optionnel de libre choix.
2. M. Badel, A.-M. Gilles, J.-P. Laborde, V. Lacoste-Mary, M. Subrenat, « Référence au lien familial et accès aux droits sociaux », *Recherches et Prévisions*, n° 73, sept. 2003, p. 25.

remboursement[1]. L'ancien conjoint qui a ou a eu la charge d'au moins trois enfants bénéficie d'un droit illimité aux prestations en nature de l'assurance maladie et maternité. Ensuite, tous les **enfants** à charge de l'assuré ou de son conjoint sont ayants droit, sans discrimination selon la nature du lien de filiation, mais sous réserve d'une limite d'âge. L'âge limite, en principe de 16 ans, est prorogé jusqu'à 18 ans pour les enfants placés en apprentissage, 20 ans si l'enfant poursuit des études ou s'il se trouve dans l'impossibilité de travailler en raison d'une infirmité ou d'une maladie chronique. Enfin, les **ascendants, descendants, collatéraux jusqu'au troisième degré ou alliés de même degré** peuvent être ayants droit, à des conditions cependant drastiques : vivre sous le même toit que l'assuré social, se consacrer exclusivement aux travaux du ménage et à l'éducation d'au moins deux enfants de moins de quatorze ans à charge de l'assuré social.

La diversification des structures familiales a conduit les pouvoirs publics à élargir l'attribution de la qualité d'ayant droit. L'évolution s'est faite par étapes, presque difficilement, le législateur se montrant assez réticent à l'égard des nouvelles formes de couples[2]. La première extension est réalisée par la loi du 2 janvier 1978 au profit de la **personne vivant maritalement avec l'assuré social**. La jurisprudence estimant que la notion de vie maritale ne pouvait bénéficier au concubin homosexuel[3], la loi du 27 janvier 1993 a introduit la notion qui lui permettait de devenir ayant droit, encore que l'exposé de motifs de la loi n'y fasse pas expressément référence. La personne qui « **vit avec** » l'assuré social depuis douze mois et qui est à sa charge totale effective et permanente peut être son ayant droit. Enfin, la loi du 15 novembre 1999 portant

1. F. Monéger, « La polygamie en question », *JCP* 1990. I. 3460. De telles situations devraient se raréfier car un étranger polygame ne peut se voir accorder le bénéfice du regroupement familial que pour un seul conjoint (art. L411-7 Code de l'entrée et du séjour des étrangers).

2. M. Badel, « Le droit de la sécurité sociale, droit conservateur ? L'exemple des droits des couples », in *Ouvrage à la mémoire de Ch. Lapoyade-Deschamps*, PUB, 2003, pp.361-381.

3. Soc. 25 oct. 1990, *D.* 1991, note Y. Saint-Jours, J.-M. Lusseau, « Vie maritale et sécurité sociale », *Dr. soc.* fév. 1980 ; Soc. 11 juil. 1989, concl. Dorwling-Carter, *Gaz. Pal.* 13 av. 1990, *JCP* 1990. II. 21553, note M. Meunier.

création du pacte civil de solidarité (PACS) permet au **partenaire pacsé** de l'assuré social de devenir son ayant droit, aux mêmes conditions de charge. Dans tous les cas, l'ayant droit peut être identifié de façon autonome[1], ce qui lui permet de percevoir directement les prestations en nature.

B. La physionomie des prestations en nature

Les prestations en nature sont ancrées sur des principes qui indiquent qu'elles ont été conçues comme un véritable droit pour leurs bénéficiaires. Aujourd'hui elles représentent des dépenses annuelles de plusieurs milliards d'euros. Le déficit chronique de l'assurance-maladie[2] a conduit les pouvoirs publics à adapter ces principes et à solliciter un engagement accru des professionnels de santé, via les conventions médicales.

a. Les principes applicables aux prestations en nature

Quatre principes essentiels sous-tendent le versement des prestations en nature. Les prestations sont servies quel que soit le praticien choisi par le bénéficiaire, en application du principe du libre choix[3]. Elles représentent le remboursement des frais payés par le malade, conformément au principe du paiement direct du médecin par le malade et, plus largement, du principe de l'avance des frais. Ces prestations donnent lieu à un remboursement partiel des frais engagés, ainsi que l'exige le principe de la participation aux frais. Enfin, dans certains cas, les prestations en nature ne sont versées que si la caisse a préalablement autorisé l'assuré à engager les soins conformément au principe de l'entente préalable. Ce dernier ne concerne cependant que certaines prestations particulières (cures, transport sanitaire, prothèses dentaires…).

Ces principes, déterminants pour les modalités de l'accès aux soins, sont très révélateurs des rapports de l'individu au système de santé et de la façon de

1. Possibilité ouverte par la loi du 4 janv. 1995 et amplifiée par la loi du 27 juil. 1999, art. L161-14-1 CSS.
2. 11 milliards d'euros en 2005, selon le rapport de la Cour des comptes.
3. Art. L162-2 CSS.

les concevoir. Aussi, les pouvoirs publics n'hésitent plus à les altérer pour tenter d'influer sur les comportements des assurés. Ainsi en est-il du principe de libre choix. Très ancré dans la culture médicale de notre pays, cher aussi bien aux assurés sociaux qu'aux professionnels de santé, ce principe est suspecté de favoriser des comportements coûteux pour l'assurance maladie, regroupés sous le nom de nomadisme médical. Les assurés abuseraient de leur liberté et multiplieraient les consultations, à la recherche d'un arrêt de travail ou d'un traitement particulier[1]. Les pouvoirs publics ont donc tenté de discipliner les patients en recourant à des dispositifs dont l'objectif est de les fidéliser. Après l'échec du médecin référent, la loi de réforme de l'assurance maladie de l'été 2004 a opté pour des procédures d'accès aux soins plus directives. Depuis le 1er janvier 2006, chaque assuré ou ayant droit de plus de 16 ans doit choisir son médecin traitant[2]. C'est désormais lui qu'il doit consulter pour toute question relative à sa santé, sauf à bénéficier d'un remboursement moindre des frais engagés. Seuls l'urgence et l'éloignement géographique dispensent le bénéficiaire de cette obligation. Par ailleurs, le patient ne dispose plus en principe du libre accès au médecin spécialiste[3]. Le médecin traitant, placé au cœur du parcours de soins coordonné, doit adresser le patient s'il l'estime nécessaire. Ici encore, le patient peut s'affranchir de ce passage par le médecin traitant, mais il s'expose à la fois à un dépassement d'honoraires par le médecin spécialiste et à une baisse du remboursement par l'assurance maladie. Dans quelque temps, le remboursement « normal » sera encore soumis à l'autorisation que le patient donnera au professionnel de santé d'accéder à son dossier médical personnel, de le consulter et le compléter.

Le principe de la participation aux frais connaît également nombre d'atténuations qui participent directement à la politique de santé. Les unes ont vocation à favoriser l'accès aux soins, les autres à responsabiliser les bénéficiaires des prestations. Ainsi, les exonérations du ticket modérateur et du forfait hospi-

1. M. Badel, « Liberté et système de santé », *RDSS* 2005. 951.

2. Art. L162-5-3 CSS. Le médecin traitant, Dossier, *RDSS* 2005. 897.

3. Seules certaines spécialités bénéficient encore du libre accès : gynécologie (pour certains soins), ophtalmologie, pédiatrie, psychiatrie (pour les moins de 26 ans, à condition d'avoir déclaré un médecin traitant), dentaire.

talier cherchent à rendre la santé gratuite. Elles sont liées à la situation sociale de l'assuré[1], à la nature de l'acte effectué ou à l'affection[2]. Le prix du soin est alors remboursé à 100 % par l'assurance maladie. Dans le même esprit, le dispositif de CMU complémentaire, par la conjugaison de la couverture santé complémentaire gratuite et des obligations tarifaires pour les bénéficiaires, se traduit par l'absence de participation aux frais. En général, ces mêmes personnes bénéficient aussi d'une dispense d'avance des frais[3]. D'autres mesures en revanche ont pour objet d'augmenter la participation financière de l'assuré. Il s'agit tout à la fois de responsabiliser le bénéficiaire de la prestation et de limiter des dépenses de l'assurance maladie. Ainsi en est-il du déremboursement ou des baisses de remboursement de certains frais de santé, de la participation forfaitaire de 1€ désormais exigée, et de l'augmentation de la participation quand le malade sort du parcours de soin dessiné par la réforme de 2004.

b. Le rôle des conventions médicales

C'est l'ordonnance du 19 octobre 1945 qui a retenu le principe d'une convention pour définir les tarifs opposables aux médecins et, plus largement, les bases sur lesquelles les caisses primaires d'assurance maladie calculent le montant des prestations en nature. Ce contrat d'un type particulier permet de concilier les principes de la médecine libérale avec les contraintes financières de l'assurance maladie qui ne peut s'engager à rembourser les frais quel que soit leur montant.

Les conventions médicales, au départ départementales, connurent un succès mitigé. Devant le refus de certains syndicats médicaux de les signer, les pouvoirs publics fixèrent par arrêté ministériel des tarifs dits « d'autorité » pour les départements dépourvus de convention. Toutefois, ces tarifs fixés à des niveaux trop bas ne furent pas respectés par les médecins et devinrent de

1. Titulaires de pension d'invalidité, de rente d'accident du travail correspondant à une invalidité des 2/3 par exemple.
2. Art. L322-3 CSS.
3. À condition de respecter le parcours de soins.

simples tarifs de responsabilité, indicatifs pour les médecins et constitutifs de bases de remboursement pour les caisses. En réponse à ces dysfonctionnements, un décret du 12 mai 1960 chercha à adapter le système du conventionnement. Si les conventions restaient départementales, elles devaient se conformer aux clauses d'une convention nationale type, leurs tarifs devaient respecter des plafonds fixés par arrêté ministériel, et les médecins pouvaient y adhérer individuellement à défaut de convention départementale. C'est aussi à cette époque que des avantages sociaux furent aménagés au profit des médecins qui optaient pour le conventionnement, avantages accrus en 1967 avec la prise en charge partielle de leurs cotisations par les organismes d'assurance maladie. Ces différentes mesures élevèrent considérablement le taux de conventionnement des médecins qui atteignit 80 % en 1970. Toutefois, la loi du 3 juillet 1971 chercha à l'améliorer encore en mettant en place un nouveau régime fondé sur des conventions nationales pluriannuelles (5 ans).

Depuis cette date, les relations entre les médecins et les organismes d'assurance maladie sont régies par ces conventions dont l'objet s'est largement diversifié au fil des années. En effet, si elles avaient à l'origine essentiellement pour rôle de déterminer les obligations tarifaires des médecins, d'organiser le contrôle et les sanctions des praticiens, et de réglementer leur droit à dépassement[1], elles ont acquis une fonction beaucoup plus élaborée pour devenir un véritable outil des politiques de santé. À partir de 1980, devant l'aggravation des problèmes financiers de l'assurance maladie et l'indigence de l'autodiscipline individuelle, la troisième convention médicale invite les médecins à prendre part à une démarche de rationalisation et tente d'installer une maîtrise concertée des dépenses. Dans le même esprit, la sixième convention de 1993 poursuit la maîtrise des dépenses de santé en mettant l'accent sur la régulation de l'offre de soins. Elle prévoit la conclusion de contrats d'objectifs entre l'État, les caisses et les producteurs de soins, afin d'arrêter des enve-

1. À côté des médecins qui pratiquent les honoraires conventionnés et qui sont regroupés dans le « secteur 1 », ceux qui appartiennent au « secteur 2 » sont autorisés, à certaines conditions, à effectuer des dépassements tarifaires avec tact et mesure. Les médecins qui ne sont pas conventionnés, par choix personnel ou en raison d'une sanction prononcée par la CPAM, disposent également d'un droit à dépassement.

loppes financières prévisionnelles et des mesures appropriées pour les respecter. Elle cherche aussi à réguler l'offre de soins par un développement adapté du système de soins aux besoins sanitaires. L'idée de référence médicale apparaît, sorte de norme déterminant la bonne pratique professionnelle et concernant les traitements médicamenteux, la thérapeutique ou le volume d'activité. La diversification de l'objet des conventions médicales apparaît nettement dans l'article L162-5 du Code de la sécurité sociale dont la rédaction est du reste postérieure à 1990. Sont mentionnés les obligations respectives des caisses primaires d'assurance maladie et des médecins d'exercice libéral, les conditions d'exercice de la médecine, les conditions de promotion des actions d'évaluation des pratiques individuelles ou collectives, et les mécanismes de maîtrise des dépenses médicales.

Enfin, tout en maintenant le système des conventions nationales, les lois du 6 mars 2002 et du 13 août 2004 ont diversifié les modalités de la contractualisation et inventé de nouveaux outils qui s'organisent en une pyramide conventionnelle. Les rapports entre les organismes d'assurance maladie et les professionnels de santé sont définis par un **accord-cadre** passé par l'Union nationale des caisses d'assurance maladie et l'Union nationales des professionnels de santé. Conclu pour une durée maximale de cinq ans, l'accord-cadre détermine les obligations respectives des organismes d'assurance maladie et des professionnels de santé exerçant en ville, et les mesures appropriées pour garantir la qualité et la meilleure coordination des soins et pour promouvoir des actions de santé publique. Par ailleurs, la loi prévoit que chaque convention comporte obligatoirement un **accord de bon usage de soins** (AcBUS), qui se présente comme un engagement collectif de la profession pour l'optimisation des pratiques, et un **contrat de bonne pratique** (CBP), qui est un ensemble d'engagements mutuels entre le professionnel adhérant et l'assurance maladie autour de sa pratique professionnelle, chaque professionnel étant libre d'y adhérer. Enfin, il existe un **contrat de santé publique** qui constitue un engagement à adhésion individuelle pour la coordination et la prévention. Le contrat porte sur des actions de permanence, de coordination des soins, ou bien des actions de prévention. Le respect des engagements du contrat par le professionnel ouvre droit à rémunération forfaitaire annuelle.

II. L'assurance maternité

La maternité produit des conséquences similaires à celles de la maladie : elle entraîne un arrêt de travail et donc une perte de revenu, et des frais médicaux. Comme dans l'assurance maladie, des prestations en espèces et en nature ont vocation à y répondre, mais elles sont soumises à un régime juridique spécifique. À ces prestations réservées à la mère, il faut ajouter, depuis la LFSS du 21 décembre 2001, une prestation exclusivement réservée au père : l'allocation de congé paternité.

1. Les prestations en espèces

Les indemnités de repos sont versées à l'assurée pendant une durée variable selon le rang ou le nombre d'enfants à naître.

A. *Les bénéficiaires*

L'assurée, seule à être privée de revenu du travail pendant son congé maternité, bénéficie des prestations en espèces à la double condition d'être immatriculée depuis au moins dix mois à la date présumée d'accouchement et de satisfaire une durée minimale de travail salarié. Le versement de l'indemnité de repos est subordonné à l'interruption de tout travail salarié, mais reste compatible avec la poursuite d'une activité indépendante pour la femme qui exerce une double activité professionnelle[1].

En cas de décès de la mère du fait de l'accouchement, le père de l'enfant peut percevoir l'indemnité de repos[2]. Cette dernière, qui ne doit en aucun cas être confondue avec l'allocation de congé paternité, est alors calculée à partir de son salaire. Elle est attribuée, à compter du jour de la naissance, pour une durée maximale de 10 semaines (12 en cas de naissances multiples), à condition qu'il cesse toute activité salariée.

1. Ass. plén. 20 mars 1992, *Dr. soc.* 1992. 329, concl. Y. Chauvy, *JCP E* 1992. II. 327, note F. Taquet ; Soc. 29 janv. 1998, *RJS* 3/1998, n° 370.
2. Le père peut être le conjoint, le concubin de la défunte ou son partenaire pacsé, à condition d'avoir reconnu l'enfant.

B. Le montant et la durée de versement des indemnités de repos

Si le Code du travail impose à la future mère un arrêt minimal de travail de huit semaines[1], le droit de la sécurité sociale organise à son profit un congé indemnisé nettement plus long dont la durée varie selon le rang de l'enfant à naître ou le nombre de naissances attendues[2]. Dans tous les cas, le montant de l'indemnité de repos est calqué sur le gain journalier de base[3], déduction faite de la part salariale des cotisations légales et conventionnelles, de la CSG et de la CRDS, et dans la limite d'un plafond[4].

Pour la naissance d'un premier ou d'un deuxième enfant, le congé indemnisé est de 16 semaines. Elles se répartissent de part et d'autre de la date présumée d'accouchement, 6 semaines pour la période prénatale et 10 semaines pour la période postnatale. Si la naissance est prématurée, le congé prénatal non utilisé vient accroître le congé postnatal. Pour la naissance d'un troisième enfant ou d'un enfant de rang supérieur, ou pour un ménage qui a déjà deux enfants à charge, la durée totale du congé est de 26 semaines, 8 semaines pour la période prénatale et 18 semaines pour la période postnatale. Lorsque les naissances sont multiples, quel que soit le rang des enfants à naître, la durée du congé maternité est très sensiblement allongée. Elle est de 34 semaines pour des jumeaux (12 semaines de congé prénatal et 22 de congé postnatal) et de 46 semaines pour des naissances en nombre supérieur (24 semaines de congé prénatal et 22 de congé postnatal). Dans tous les cas, s'il existe des complications pathologiques, la durée du congé prénatal indemnisé peut être allongée sur prescription médicale dans la limite de deux semaines[5]. L'indemnité qui est versée durant cette période est une indemnité de repos et calculée comme telle, non une indemnité journalière d'assurance maladie. Enfin, quand l'enfant reste hospitalisé jusqu'à l'expiration de la sixième semaine suivant l'accouchement, l'assurée peut demander le report de tout ou partie

1. Art. L224-1 CT. 69, 31 € 1er janv. 2006.
2. Art. L331-3 et s. CSS.
3. 1/90e du montant des trois derniers mois de salaire.
4. 69,31 € par jour au 1er janvier 2006. Il existe aussi un plancher de 8,24 € par jour.
5. Art. L331-5, al. 2 CSS.

de la période d'indemnisation à laquelle elle peut encore prétendre à la date de la fin d'hospitalisation de l'enfant. De plus la loi de mars 2006[1] sur l'égalité salariale entre les hommes et les femmes a créé une période supplémentaire de congé maternité pour les mères dont l'accouchement, intervenu plus de six semaines avant la date prévue, exige l'hospitalisation postnatale de l'enfant. Cette période est égale au nombre de jours courant de la date réelle de l'accouchement au début du congé légal de maternité.

L'indemnité journalière de repos est également accordée en cas d'adoption, selon des modalités spécifiques[2]. Lorsque les deux conjoints sont assurés sociaux, chacun peut percevoir l'allocation. L'indemnité peut être accordée à la mère ou au père adoptif, l'un des conjoints renonçant alors à son droit. Elle peut aussi faire l'objet d'une répartition entre la mère et le père adoptifs, sans pouvoir être fractionnée en plus de deux parties. L'indemnité est due pendant 10 semaines en cas d'adoption unique, 18 semaines quand, du fait de l'adoption, l'assurée ou le ménage assume la charge de trois enfants au moins, et pendant 22 semaines au plus en cas d'adoptions multiples, sous condition de cessation de travail salarié. Elle débute à compter de l'arrivée de l'enfant au foyer.

2. Les prestations en nature

Ces prestations doivent permettre à la femme enceinte d'accéder aux soins que requiert son état afin de préserver sa santé et celle de son enfant.

A. *Les bénéficiaires*

L'article L331-1 du Code de la sécurité sociale vise l'assuré(e) et certains membres de la famille de l'assuré. La mention de l'*assuré*, à première vue surprenante, s'explique facilement. Les dispositions, générales, sont relatives aux prestations en nature et en espèces et si la mère décède du fait de l'accouchement, le père, assuré, peut percevoir les indemnités de repos. Par contre, les bénéficiaires des prestations en nature sont exclusivement féminines et, sous cette réserve, elles sont le symétrique des bénéficiaires de l'assurance maladie.

1. Loi n° 2006-340 du 23 mars 2006.
2. Art. L331-7 CSS.

On retrouve ainsi assurées et ayants droit de l'assurance maladie : l'épouse, la femme qui vit maritalement avec l'assuré, sa partenaire pacsée. La femme qui vit avec l'assuré(e) social(e) et l'ascendant, le descendant et le collatéral jusqu'au troisième degré sont également ayants droit en matière d'assurance maternité. Comme en matière d'assurance maladie, ces bénéficiaires peuvent être identifiées de façon autonome et percevoir à titre personnel les prestations en nature.

B. Les dépenses prises en charge

L'assurance maternité couvre l'ensemble des frais médicaux, pharmaceutiques, d'analyse et d'examen, de laboratoire et d'hospitalisation relatifs ou non à la grossesse, à l'accouchement et à ses suites, qui interviennent au cours d'une période débutant quatre mois avant la date présumée d'accouchement et se terminant douze jours après l'accouchement[1]. Le particularisme des prestations en nature tient à la mise à l'écart de deux principes clés de l'assurance maladie, la participation aux frais et l'avance des frais. Les frais de maternité sont pris en charge à 100 % dans la limite du tarif opposable, ce qui signifie que les éventuels dépassements d'honoraires pratiqués sont supportés par la bénéficiaire, sauf si elle dispose d'une couverture complémentaire plus favorable.

Le versement des prestations en nature est soumis à plusieurs conditions posées par le Code de santé publique[2]. La mère doit déclarer sa grossesse à la caisse primaire d'assurance maladie qui lui délivre un carnet de maternité. Ce document, essentiel, lui permet de prendre connaissance de la surveillance médicale et sociale à laquelle elle doit se soumettre pour conserver le bénéfice des prestations.

3. Le congé de paternité

Prestation relevant de l'assurance maternité ou prestation familiale ? Difficile à dire tant la prestation est hybride. Aussi, même s'il est en l'occurrence peu convaincant, nous nous en tiendrons à l'argument exégétique qui range le congé paternité avec l'assurance maternité, négligeant le critère du financement qui en fait plutôt une prestation familiale. En effet, bien que gérée par

1. Art. L331-2 et D331-1 CSS.
2. Art. L2122-1 et s. CSP.

les caisses primaires d'assurance maladie, la prestation est mise à la charge financière de la branche famille.

La prestation consiste dans le versement d'une indemnité journalière pendant une période maximale de 11 jours consécutifs en cas de naissance simple, de 18 jours consécutifs en cas de naissances multiples. La prestation se présente comme un revenu de remplacement. Le montant de l'indemnité est égal au salaire journalier, dans la limite du plafond de sécurité sociale. Ceux dont le salaire est supérieur à ce plafond peuvent éventuellement bénéficier d'un complément versé par l'employeur. Le congé doit être pris dans les quatre mois de la naissance et peut être reporté en cas d'hospitalisation de l'enfant. Il est réservé aux assurés qui prouvent leur paternité, qui justifient de 10 mois d'immatriculation en tant qu'assuré social à la date du début du congé et qui ont travaillé au moins 200 heures au cours des 3 mois précédant le début du congé.

Le champ d'application de la prestation dépasse largement celui du régime général puisque, depuis le 1er janvier 2002, tous les actifs (salariés, fonctionnaires, chômeurs indemnisés, travailleurs indépendants) peuvent en bénéficier. Une enquête récente a fait apparaître qu'en 2003 et 2004, deux tiers des pères ont demandé à en bénéficier, les plus nombreux étant les 25-34 ans[1].

III. L'assurance invalidité

L'invalidité qui relève de cette assurance sociale n'est pas professionnelle. Elle concerne l'assuré dont la capacité de travail ou de gain est réduite de façon massive et définitive[2].

1. La définition de l'invalidité

« L'assuré a droit à une pension d'invalidité lorsqu'il présente une invalidité réduisant dans des proportions déterminées sa capacité de travail ou de gain c'est-à-dire le mettant hors d'état de se procurer, dans une profession quelconque, un salaire supérieur à une fraction de la rémunération normale perçue dans la même région par des travailleurs de la même catégorie dans la profes-

1. Direction de la recherche, des études, de l'évaluation et des statistiques, *Études et résultats*, n° 442, nov. 2005.

2. M.-M. Legouhy, « L'assurance invalidité du régime général », *RPDS* 1998. 43.

sion qu'il exerçait » jusqu'alors. La formulation laborieuse de l'article L341-1 du Code de la sécurité sociale obscurcit singulièrement la notion d'invalidité, pourtant essentielle pour celui qui est devenu incapable d'exercer son activité professionnelle à la suite d'une maladie ou d'un accident. Cela tient au fait que la notion repose sur deux sortes de composantes et mêle des éléments d'appréciation concrets et abstraits. En premier lieu, l'invalidité se définit au regard de la situation de l'assuré dont l'incapacité de travail ou de gain, stabilisée et vraisemblablement définitive, doit atteindre les deux tiers. En second lieu, l'invalidité ne peut être constituée que si l'intéressé ne peut se procurer, dans une profession quelconque, un salaire supérieur au tiers de la rémunération moyenne perçue par des salariés qui exercent la même activité. L'appréciation de l'invalidité demande donc d'évaluer la capacité de travail restante de l'assuré, de tenir compte de sa possible reconversion, et éventuellement de revoir la base de calcul de capacité de gain puisque ce n'est pas nécessairement le salaire de l'assuré qui va être utilisé mais un salaire corrigé.

2. Les personnes couvertes

L'assurance invalidité articule des droits propres et des droits dérivés. Concernant les droits propres, elle consiste dans une pension versée aux assurés de moins de soixante ans, âge auquel la pension d'invalidité est remplacée par la pension de vieillesse pour inaptitude au travail. L'assuré doit justifier d'une durée minimale d'immatriculation de douze mois et, au cours d'une période de référence, d'un montant minimum de cotisation[1]. Ces conditions sont appréciées au moment de l'interruption de travail suivie d'invalidité. À son décès, l'assuré peut faire bénéficier son conjoint survivant de droits dérivés à condition qu'il soit lui-même atteint d'une invalidité de nature à ouvrir droit à une pension d'invalidité, qu'il n'ait pas de droits propres à une pension d'invalidité et qu'il ait moins de 55 ans. Cette condition d'âge, initialement justifiée par le fait que la pension de réversion pouvait prendre le relais de la pension de veuf ou veuve invalide, n'a pas été modifiée, malgré l'annonce faite par la loi de réforme des retraites de 2003[2].

1. Art. L341-2 et R313-5 CSS. Des dispositions particulières concernent les travailleurs saisonniers.
2. Art. L342-6, R342-6 et D342-2 CSS.

3. Le montant et le versement des prestations

Les invalides sont classés en trois catégories selon leur degré d'invalidité : les invalides capables d'exercer une activité rémunérée, les invalides incapables d'exercer une profession quelconque, les invalides incapables de travailler qui sont dans l'obligation d'avoir recours à l'assistance d'une tierce personne pour effectuer les actes ordinaires de la vie.

Trois types de prestations répondent à ces situations. La pension attribuée aux invalides de la première catégorie représente 30 % du salaire moyen des dix meilleures années, la pension réservée aux invalides de la deuxième catégorie s'élève à 50 % du salaire moyen des dix meilleures années[1]. Une majoration forfaitaire est appliquée à la pension des invalides de la troisième catégorie[2].

Ces prestations sont versées par la caisse primaire d'assurance maladie soit de sa propre initiative si elle estime que l'assuré ne peut plus prétendre aux prestations de l'assurance maladie en raison de la stabilisation de son état, soit à l'initiative de l'assuré.

La pension de veuf ou veuve invalide est calculée à partir de la pension dont bénéficiait l'assuré. Elle représente 52 % de la pension principale[3].

IV. L'assurance décès

Cette assurance sociale garantit aux ayants droit de l'assuré décédé un capital décès.

1. L'objet et le montant de la prestation

« L'assurance décès garantit aux ayants droit de l'assuré le paiement, dès son décès, d'un capital[1] ». Cette prestation, accordée quelle que soit la cause du décès, est calculée à partir du gain journalier de base de l'assuré social décédé.

1. Les prestations sont plafonnées. Au 1er janvier 2006, le maximum est de 776,70 € dans le premier cas, de 1 294,50 € dans le deuxième.
2. Au 1er janvier 2006, 964,78 € par mois.
3. Depuis le décret du 24 août 2004, art. 4, contre 54 % auparavant. Art. D342-3 CSS.
4. Art. L361-1 CSS.

Il est alloué même pour le risque professionnel, auquel cas il s'ajoute aux prestations versées à ce titre. Il est également dû en cas de suicide, ce qui le différencie des prestations d'assurance privée. Son montant est égal à 90 fois le gain journalier de base et représente environ trois mois de salaire, dans la limite d'un plafond[1]. Ce capital est incessible et insaisissable, sauf pour le paiement des dettes alimentaires ou le recouvrement du capital indûment perçu, à la suite d'une manœuvre frauduleuse ou d'une fausse déclaration.

Pour ouvrir droit au capital décès, l'assuré devait être en activité au jour de son décès et exercer cette activité salariée depuis au moins trois mois au jour du décès. Depuis la LFSS pour 1999, il est néanmoins admis que les titulaires de pensions d'invalidité et de rente d'accident du travail ou de maladie professionnelle correspondant à une invalidité permanente partielle d'au moins deux tiers sont également ouvrant droit.

2. Les bénéficiaires du capital décès

Le capital décès étant totalement étranger à la succession, les ayants droit sont désignés sans référence à l'ordre successoral. Le droit de la sécurité sociale établit un classement des bénéficiaires en fonction du rapport alimentaire qu'ils entretenaient avec l'assuré social. Les personnes qui étaient à la charge effective, totale et permanente de l'assuré au jour du décès sont bénéficiaires prioritaires. Comme plusieurs personnes peuvent être simultanément dans cette situation et entrer en concurrence, le Code de la sécurité sociale établit un ordre de préférence qui permet à celle qui précède de priver du capital celles qui la suivent. Sont ainsi visés le conjoint ou le partenaire du pacte civil de solidarité, les enfants, les ascendants[1]. En leur absence, le capital décès revient à tout autre ayant droit à charge, par exemple au collatéral ou au descendant, à la personne en situation de vie maritale ou celle qui vit avec l'assuré. La notion de *charge* laisse supposer que le requérant recevait de l'assuré une aide financière pour subvenir à ses besoins.

1. Art. L323-4 CSS. Au 1er janvier 2006, 7 767 .

Si aucune priorité n'est invoquée dans le délai d'un mois, le capital est attribué au conjoint survivant non séparé de droit ou de fait, au partenaire pacsé du défunt, à défaut aux descendants et, si aucun de ces bénéficiaires potentiels n'est représenté, aux ascendants. La vie maritale avec l'assuré et la vie avec ne sont pas prises en compte.

Dans tous les cas, le capital décès est partagé à parts égales entre les personnes qui appartiennent au même groupe de bénéficiaires.

V. L'assurance vieillesse

L'assurance vieillesse a pour objet de donner des moyens d'existence aux personnes âgées, soit en leur versant un revenu de remplacement, de nature contributive, soit en leur attribuant une garantie de ressources, de nature assistantielle.

1. Les prestations contributives

Les prestations de l'assurance vieillesse, comme la grande majorité des prestations sociales, sont l'expression de droits propres et de droits dérivés. Elles prennent la forme d'une pension de retraite quand elles sont versées à l'assuré, d'une pension de réversion quand elles sont versées au conjoint survivant. Les réformes récentes dont elles ont les unes et les autres fait l'objet imposent de retracer rapidement leur genèse.

A. *Présentation historique*

La loi du 5 avril 1905 sur les retraites ouvrières et paysannes est la première à instituer une assurance vieillesse obligatoire pour les salariés dont la rémunération est inférieure à un plafond (hors régimes spéciaux). Le régime instauré repose sur la technique de la capitalisation, laquelle consiste à investir les cotisations versées par l'assuré pour produire des intérêts : au moment de la retraite, le bénéficiaire reçoit le fruit de son épargne augmentée des intérêts financiers résultant de l'investissement. La loi du 30 avril 1930 et le décret-

1. Art. R361-3 CSS.

loi du 28 octobre 1935 maintiennent la capitalisation. Les cotisations affectées à l'assurance vieillesse sont inscrites à un compte individuel et le retraité reçoit la rente résultant de la capitalisation des cotisations versées.

L'ordonnance du 19 octobre 1945 institue un régime entièrement nouveau. La technique de la capitalisation, impuissante à garantir le niveau des retraites en cas de dépréciation monétaire et de contre-performances des marchés financiers, est abandonnée au profit de la technique de la répartition. Les cotisations des actifs sont à la fois utilisées pour financer les pensions des retraités et prises en compte pour calculer les droits à pension de l'assuré. Dans ce système où le paiement des pensions futures est étroitement dépendant de la capacité contributive des salariés de demain, l'équilibre démographique est primordial. Si le nombre des cotisants devient insuffisant au regard des prestations qui doivent être liquidées, ou si le poids des pensions devient trop lourd compte tenu des cotisations qui peuvent être collectées, la viabilité du système est compromise. Aussi, dans un contexte marqué par l'allongement de l'espérance de vie, l'augmentation de la durée de versement des prestations, l'accroissement du nombre des retraités et, dans le même temps, par la stagnation du nombre des cotisants, la nécessité d'adapter la répartition semble s'imposer.

Cette présentation, rapide au risque d'être schématique, ne doit pas faire oublier que la technique de la répartition a contribué à améliorer considérablement la condition des retraités entre 1945 et 1993. Durant cette période, le taux moyen des retraites s'est élevé, le montant des pensions a augmenté, et l'assuré qui avait suffisamment cotisé s'est vu reconnaître la possibilité de bénéficier de sa retraite à taux plein dès 60 ans, au début des années 1980[1]. Cependant, la conjugaison de l'arrivée à maturité du régime, rendant plus fréquent le paiement de pensions « entières », des effets de la crise économique et des projections sociodémographiques a conduit à prendre conscience des limites de la répartition.

Deux réformes vont intervenir, à dix ans d'intervalle. La première est issue de la loi du 22 juillet 1993 et des décrets du 28 août 1993. Elle entre en vigueur à partir du 1er janvier 1994 et entreprend de modifier le calcul de la pension

1. Ordonnances du 26 et 30 mars 1982 et loi du 31 mars 1983.

de retraite du régime général, dans le sens d'un accroissement de l'effort contributif. La deuxième est le fait de la loi du 21 août 2003. Elle entre en vigueur à partir du 1er janvier 2004 et accentue les changements amorcés en 1994. La réforme est toutefois d'une tout autre ampleur car, au-delà de ces modifications, elle transforme profondément la pension de réversion du régime général et, animée par la volonté d'introduire davantage d'égalité entre les retraités, elle étend ses effets aux régimes dits alignés[1] et au régime des fonctionnaires.

B. La pension de retraite versée à l'assuré

L'assuré du régime général doit en principe attendre 60 ans pour demander la liquidation de sa pension de retraite[2]. Il ne peut normalement bénéficier de sa pension que s'il cesse toute activité professionnelle. Par exception toutefois, à partir de 60, l'assuré peut prendre une retraite progressive qui lui permet de travailler à temps partiel tout en percevant une fraction de sa pension[3]. L'assuré peut par ailleurs continuer à travailler, à condition de rompre tout lien avec son ancien employeur. Cette rupture peut être néanmoins seulement provisoire : la réforme de 2003 admet la reprise du travail chez l'ancien employeur, dans le délai de six mois après l'obtention de la pension, si les revenus procurés ajoutés à la pension sont inférieurs au dernier salaire d'activité.

Le calcul de la pension de retraite fait intervenir trois éléments[4] : le salaire moyen de base (SMB), la durée d'assurance tous régimes confondus pour déterminer le taux applicable (taux), et la durée réelle d'assurance au régime général qui demande de rapporter le nombre de trimestres cotisés au régime

1. Régimes autonomes.
2. Depuis la loi de 2003, par exception, les salariés qui ont commencé à travailler entre 14 et 16 ans, sous condition de durée de cotisation, peuvent partir en retraite dès 56 ans. Les travailleurs handicapés peuvent aussi bénéficier d'une retraite anticipée, dès 55 ans.
3 Art. L351-15 CSS. Des exceptions existent pour des activités énumérées à l'art. L161-22 CSS.
4. Art. L351-1 CSS.

général au nombre de trimestres exigés (nt/Nt) et qui permet la proratisation de la pension due par le régime général.

La formule de calcul peut être écrite :

$$\text{SMB} \times \text{taux} \times \frac{\text{nombre de trimestres réunis}}{\text{Nombre de trimestres exigés}}$$

Le salaire moyen de base est le socle du calcul de la pension de retraite. D'abord calculé sur les dix dernières années d'activité, puis sur les dix meilleures années[1] à partir de 1973, il sera bientôt calculé sur les 25 meilleures années. L'allongement de la période de référence, qui est le fruit de la réforme de 1993, est entré en vigueur progressivement, à raison d'une année supplémentaire par an à compter du 1er janvier 1994, à partir de la génération née en 1934. Le salaire moyen de base sera calculé sur les 25 meilleures années dès le 1er janvier 2008 pour tous les assurés. Ce salaire est pris en compte dans la limite d'un plafond[2].

Le taux applicable au salaire de base varie entre un maximum de 50 %, appelé taux plein, et un minimum de 25 %. Le taux plein est attribué soit au regard de la durée d'assurance, appréciée en nombre de trimestres cotisés, soit au regard de l'âge de l'assuré au moment de la liquidation de la pension de retraite. Dans le premier cas, le taux reflète l'effort contributif de l'assuré durant sa vie professionnelle. Pour son calcul, on retient tous les trimestres de cotisations, quel que soit le régime de sécurité sociale qui les a perçus. Le nombre de trimestres nécessaire à l'attribution du taux plein a été modifié par les deux réformes successives. La loi de 1993 l'a porté de 150 à 160 (40 ans), à raison de un trimestre supplémentaire par an à partir du 1er janvier 1994. La loi de 2003 prévoit de l'élever encore pour le porter progressivement à 168 trimestres (42 ans). Ces modifications entreront en vigueur progressivement, de 2009[3] à

1. Années durant lesquelles l'assuré a perçu les rémunérations les plus importantes.
2. 50 % du plafond de la sécurité sociale. Au 1er janvier 2006, 2 589 € mensuels/2, soit 1 294,5 € mensuels.
3. Cela permet d'attendre que la durée de cotisation des fonctionnaires soit alignée sur celle des assurés du régime général. Les modifications du régime des fonctionnaires doivent être mises en œuvre de 2004 à 2008, à raison de deux trimestres supplémentaires par an, pour passer de 150 à 160 trimestres (2 trim. × 5 ans = 10 trim.).

2020. De 2009 à 2012, le nombre de trimestres exigés passera à 164 selon la même méthode, puis à 168 par paliers quadriennaux.

Le taux plein peut aussi être attribué à l'assuré du fait de son âge, 65 ans à l'heure actuelle. L'attribution du taux plein n'efface pas pour autant la carence de cotisation puisque celle-ci va rejaillir sur le calcul proportionnel de la pension.

Quand le nombre de trimestres ou l'âge de l'assuré ne permet pas d'obtenir le taux plein, le taux de la pension est minoré à raison de 1,25 % par trimestre manquant ou de 5 % par année manquante par rapport à 65 ans. Les deux modes de calculs ne conduisant pas au même résultat, le plus avantageux pour l'assuré est retenu, en fonction de sa situation.

À côté de cette minoration, nommée décote, il existe une possibilité de surcote, créée par la loi de 2003. Elle est réservée aux assurés qui réunissent les trimestres requis pour bénéficier du taux plein dès 60 ans, mais qui ne demandent pas la liquidation de leur pension. Elle représente 0,75 % par trimestre supplémentaire effectué après le 1er janvier 2004.

Le nombre de trimestres cotisés au régime général permet de déterminer la pension de retraite qui incombe au régime général. Ce nombre a été modifié par la réforme de 2003 qui l'a porté de 150 à 160. L'augmentation débute dès le 1er janvier 2004, à raison de deux trimestres supplémentaires par an. La modification sera effective en 2008. Cette disposition risque de faire baisser considérablement le niveau moyen des retraites pour les assurés qui, tout en ayant cotisé plus de 150 trimestres, n'atteignent pas le seuil désormais requis. Jusqu'à la loi de 2003, en raison de la déconnexion du nombre des trimestres pris en compte pour le calcul du taux et pour le calcul proportionnel de la pension, les assurés n'en subissaient pas les conséquences. Aussi, la loi de 2003 permet aux assurés de plus de 65 ans au moment où ils demandent la liquidation de leur pension, et qui ont entre 150 et 160 trimestres, de bénéficier d'une majoration de sa durée d'assurance dans ce régime de 2,5 % par trimestre cotisé après le 65e anniversaire[1].

1. Dans une limite progressivement portée à 160 trimestres d'ici à 2008.

C. Les prestations versées en vertu de droits dérivés

Jusqu'à l'entrée en vigueur de la réforme de 2003, le conjoint survivant relevait, selon son âge, de deux assurances sociales distinctes. S'il avait moins de 55 ans, il pouvait, à certaines conditions, bénéficier de l'allocation veuvage, versée par l'assurance veuvage. À partir de 55 ans, il pouvait percevoir une pension de réversion accordée par l'assurance vieillesse. La première de ces deux prestations a été supprimée par la loi du 21 août 2003 et, depuis le 1er juillet 2004, elle n'accueille plus de nouveaux entrants. Elle est donc vouée à s'éteindre progressivement, au fur et à mesure que ses bénéficiaires épuiseront leurs droits. La pension de réversion a de son côté été assez profondément modifiée afin de suppléer la suppression effectuée.

a. La disparition progressive de l'assurance veuvage

L'assurance veuvage est la dernière née des assurances sociales. Créée par la loi du 17 juillet 1980, elle vise les conjoints survivants de moins de 55 ans, alors exclus du bénéfice de la pension de réversion, et se traduit par le versement d'une allocation différentielle. D'un montant forfaitaire fixé indépendamment de la composition du foyer, elle est versée au conjoint survivant isolé qui réside en France et dont les ressources sont inférieures à un seuil. En 1980, l'allocation veuvage est réservée au veuf ou à la veuve qui assume la charge d'au moins un enfant. Elle est dégressive pendant les trois années de son service, son montant diminuant sensiblement à chaque anniversaire de versement de la prestation afin d'inciter son bénéficiaire à se tourner vers l'emploi[1]. La réforme réalisée par la LFSS pour 1999 met fin à cette dégressivité et ramène la durée de versement de la prestation à deux ans, tout en maintenant la possibilité de versement pendant 5 ans pour le conjoint survivant de 55 ans[2]. Elle est versée par les organismes qui assurent le service des pensions de vieillesse. Si l'allocation avait gagné en montant ce qu'elle avait perdu en durée de versement, elle n'en demeurait pas moins perfectible. Prestation d'assurance sociale

1. Lorsqu'elle était versée exceptionnellement pendant 5 ans au conjoint survivant de 50 ans, ce qui lui permettait de faire le lien avec la pension de réversion versée à partir de 55 ans, son montant restait stable les trois dernières années.
2. Au 1er janvier 2006, le montant mensuel de l'allocation veuvage est de 539,37 .

financée par une cotisation salariale au taux de 0,1 %, son montant restait sans rapport avec celui du revenu de l'assuré social décédé. Elle n'était donc pas un revenu de remplacement, mais plutôt une garantie de ressources pourvue d'une fonction alimentaire marquée et destinée au conjoint survivant démuni. Mais là encore, elle pêchait par défaut. Son montant forfaitaire, fixé indépendamment de la composition du foyer, ne lui permettait pas de répondre convenablement à la situation de besoin réelle du conjoint survivant. Si ce dernier avait un enfant à charge, il devenait d'ailleurs éligible au RMI, le montant du RMI pour deux personnes étant supérieur à celui de l'allocation veuvage[1]. Depuis le 1er juillet 2004, il n'existe plus de nouveaux entrants à l'allocation veuvage. Étant versée pour des durées pouvant aller de 2 à 5 ans, elle pourra encore bénéficier à des allocataires jusqu'en juin 2008.

b. La pension de réversion

Destinée à l'origine au seul conjoint survivant à charge de l'assuré(e) décédé(e) et orientée vers une finalité purement alimentaire, la pension de réversion est aujourd'hui plus largement versée, même si elle reste attribuée sous condition de ressources. Jusqu'à la réforme de 2003 entrée en vigueur le 1er juillet 2004, cette prestation était réservée au conjoint survivant qui avait au moins 55 ans, non remarié, si ses ressources étaient inférieures à un plafond. La vie maritale permettait le maintien de la pension et, dans ce cas, les ressources de l'autre membre du couple n'étaient pas prises en compte pour l'examen du droit à réversion. La pension était calculée à partir de la pension que percevait ou aurait perçu l'assuré social et s'élevait à 54 % de celle-ci, dans la limite d'un plafond. En cas de pluralité de conjoints survivants, la pension était partagée entre eux, proportionnellement aux années de mariage. L'union privilégiée n'est donc pas la plus récente, mais la plus longue.

Si la loi de 2003 n'affecte ni le mode de calcul de la réversion ni la règle de partage proportionnel, elle modifie notablement les conditions d'attribution

1. Au 1er janvier 2006, le montant de l'allocation de RMI pour 2 personnes est de 649,59 . L'allocation est différentielle : elle s'ajoute aux ressources du bénéficiaire pour les porter au maximum du montant de la prestation.

de la pension en introduisant deux modifications majeures[1]. En premier lieu, la condition d'âge est supprimée, ce qui permet à la prestation d'investir le champ jusqu'alors occupé par l'allocation veuvage. En deuxième lieu, la condition d'absence de remariage est effacée et les ressources nouvellement appréciées : selon le cas, ce sont désormais celles du demandeur ou celles du couple, marié ou non, qui sont prises en compte pour l'attribution de la pension, étant entendu que deux plafonds de ressources sont arrêtés[2].

2. Les prestations non contributives

Toute personne âgée de 65 ans a droit à une garantie de ressources, quel que soit l'effort de cotisation qu'elle a fourni. Aussi, si les prestations contributives qu'elle perçoit ne lui permettent pas d'atteindre un niveau de revenu suffisant, elle peut prétendre à des avantages non contributifs.

A. L'existence d'un minimum vieillesse

Le minimum vieillesse n'est pas une prestation. Il désigne le niveau de ressources qui doit être garanti à toute personne à partir de 65 ans, ou 60 ans en cas d'inaptitude au travail. Au 1er janvier 2006, son montant mensuel est de 610,28 € pour une personne seule et de 1 094,80 € pour un ménage.

B. Les allocations contribuant à garantir le minimum vieillesse

L'ordonnance du 24 juin 2004 a simplifié le système des prestations non contributives en créant une prestation unique destinée à remplacer les nombreuses allocations existantes.

Cinq allocations non contributives étaient destinées à garantir le minimum vieillesse[3]. Si toutes étaient portées par une finalité alimentaire, accordées

1. Art. L353-1 et s. CSS ; M. Badel, « Suppression de l'assurance veuvage et réforme de la pension de réversion : quelle équivalence ? », *RDSS* 2004. 451 ; J. Bichot, « Veuvage et protection sociale », *Dr. soc.* 2004. 1 114.
2. Au 1er janvier 2006, le plafond annuel de ressources est de 16 702,40 € pour une personne seule et de 26 723,84 € pour un couple.
3. Art. L811-1 et s. (abrogés) CSS.

indépendamment de la nationalité[1] et placées sous condition de ressources, elles étaient destinées à des bénéficiaires spécifiques. Ces allocations, qui ont été abrogées par l'ordonnance du 24 juin 2004, restent néanmoins versées aux personnes qui en étaient titulaires jusqu'à l'entrée en vigueur du texte. Il s'agit de :

– l'allocation aux vieux travailleurs salariés (AVTS) destinée aux assurés percevant une pension de retraite contributive insuffisante, mais justifiant d'une durée minimale de salariat[2],
– l'allocation aux mères de famille accordée aux épouses de salariés, veuves, divorcées ou séparées de leur conjoint, ayant élevé au moins cinq enfants,
– l'allocation de secours viager versée aux veuves des titulaires de l'AVTS et aux conjoints des assurés disparus,
– la majoration complémentaire destinée à porter les pensions des régimes de base au montant de l'AVTS,
– l'allocation supplémentaire du Fonds de solidarité vieillesse versée en complément d'un avantage vieillesse[3].

Cette dernière prestation devait s'ajouter aux prestations de base perçues, contributives ou non, afin de porter les ressources du bénéficiaire au minimum vieillesse.

La nouvelle prestation non contributive, l'allocation de solidarité aux personnes âgées, doit entrer en vigueur au plus tard le 1er janvier 2006[4]. Comme les avantages précédents, elle est en principe versée aux personnes à partir de 65 ans, indépendamment de leur nationalité et sous condition de ressources. Elle est subsidiaire, se présente comme une allocation différentielle, et son montant varie selon que le foyer est constitué d'une personne seule ou de conjoints, concubins ou partenaires liés par un pacte civil de solidarité.

---

1. Depuis la loi du 11 mai 1998 relative à l'entrée et au séjour des étrangers en France et au droit d'asile. Art. L816-1 CSS.
2. D'un montant mensuel de 250,78 , comme l'allocation aux mères de famille et l'allocation spéciale de vieillesse.
3. Montant mensuel de 359,50 € pour une personne seule.
4. Art. L815-1 et s. CSS. Le décret n'est toujours pas paru à l'heure où ces lignes sont écrites.

Chapitre 4

La compensation des charges de famille

La loi du 11 mars 1932 rendit obligatoire le sursalaire familial pour les salariés du commerce et de l'industrie, le décret-loi du 12 novembre 1938 créa les allocations familiales, indépendantes du salaire des entreprises. Depuis, les modalités de compensation des charges familiales se sont largement diversifiées et les prestations familiales se sont multipliées, porteuses d'une politique familiale animée de finalités nouvelles[1].

I. Prestations familiales et mise en œuvre de la politique familiale

La compensation du coût de l'enfant est la finalité la plus ancienne de la politique familiale. À l'origine, elle s'expliquait par un désir de justice sociale selon lequel celui qui travaille doit pouvoir faire vivre dignement sa famille. Les allocations d'entretien, comme les allocations familiales[2], l'allocation de soutien familial ou, plus récemment, la prime à la naissance de la prestation d'accueil du jeune enfant (PAJE), permettent d'alléger les charges supportées par les personnes qui ont des enfants à charge et poursuivent aujourd'hui cette finalité.

1. Ph. Steck, « La politique familiale française : ruptures ou continuité ? », *Rev. EN3S* 2005. 91.
2. J. Hochard, « Les finalités premières et secondaires des allocations familiales », *Dr. soc.* 1957. 306.

Les prestations familiales servent aussi le versant nataliste de la politique familiale et visent l'augmentation du taux de fécondité. Ces préoccupations natalistes, un temps apaisées par le baby-boom, renaissent au début des années 1980 avec la prise de conscience de la nécessité de renouveler les générations. Elles s'expriment particulièrement dans la loi du 17 juillet 1980 qui allonge sensiblement (26 semaines) la durée du congé maternité pour le troisième enfant et augmente de façon significative les allocations pré et post-natales versées pour sa naissance. Pour cette raison aussi, certaines prestations augmentent plus que proportionnellement avec les enfants de rang 3 et, articulées avec une politique fiscale adaptée, elles rendent moins dissuasif le coût économique qu'ils représentent.

Par ailleurs, au fil des années, la politique familiale et, avec elle, les prestations familiales, ont investi des champs nouveaux qui se sont dessinés au gré de l'évolution de la société. Elles se sont tournées vers la redistribution verticale, pour réduire les inégalités entre les revenus, et vers la lutte contre la pauvreté des familles. La propagation de la condition de ressources pour le versement des aides aux familles témoigne de cette évolution. Les prestations familiales sont devenues plus sélectives, soit de façon modérée en étant exclues pour les revenus les plus hauts, soit de façon plus radicale en étant réservées aux familles les plus modestes.

Enfin, les prestations familiales tentent de favoriser la conciliation de la vie familiale et de la vie professionnelle. Les modifications des structures familiales et le développement du travail féminin ont conduit les pouvoirs publics à prendre des mesures destinées à diversifier les modes de garde des jeunes enfants. Dès 1985, sont créées l'allocation au jeune enfant, pour solvabiliser les parents, et l'allocation parentale d'éducation, pour permettre au père ou à la mère de suspendre son activité professionnelle pour élever son jeune enfant. Les mesures en faveur de l'accueil infantile ont aussi été diversifiées, particulièrement ces dix dernières années avec la création de plusieurs dispositifs de compensation des frais de garde. De même, les possibilités de suspendre l'activité professionnelle pour permettre aux parents de garder eux-mêmes leurs enfants ont été étendues à de nouvelles situations (maladie, handicap de l'enfant).

II. Les règles communes aux prestations familiales

Malgré leur très grande diversité, les prestations familiales sont soumises à des conditions identiques quand il s'agit de déterminer l'enfant ouvrant droit et de définir le bénéficiaire. Selon la belle formule du Professeur Laborde, ces conditions forment la « grammaire générale des prestations familiales[1] ».

1. La notion de prestation familiale

Les prestations familiales, soumises à des régimes différents et orientées vers des finalités spécifiques, sont tellement nombreuses qu'elles finissent par former un groupe hétéroclite peu propice à l'émergence d'une notion unitaire. Plusieurs critères sont classiquement employés pour définir la prestation familiale : le critère exégétique qui renvoie à la qualification donnée par la loi, le critère téléologique qui se réfère à la finalité de l'aide et le critère organique qui s'appuie sur l'organisme débiteur (CAF)[2]. Aucun de ces critères n'étant pleinement convaincant lorsqu'il est utilisé seul[3], le bon sens impose de les combiner pour cerner la notion de prestation familiale. Cette dernière doit être appliquée aux prestations versées par les CAF, destinées à aider la famille, *a fortiori* quand elles sont désignées par la loi.

2. Les conditions relatives à l'enfant

Les prestations familiales sont dues à la personne qui assume « la charge effective et permanente de l'enfant ». De façon pragmatique, la notion de charge renvoie à la situation de fait. C'est dire qu'aucun lien juridique de filiation n'est exigé pour que la condition soit remplie. L'enfant à charge peut être l'enfant légitime, naturel, adoptif, ou celui qui est simplement recueilli, pourvu qu'il soit à la charge effective et permanente de l'allocataire. Ceci impose que ce dernier en assume la charge économique et qu'il soit investi de l'ensemble des devoirs et obligations dévolus aux représentants légaux par le Code civil.

1. J.-P. Laborde, *Droit de la sécurité sociale*, PUF, 2005.
2. J.-P. Laborde, « Les prestations familiales : pluralité des typologies, incertitudes de la notion », *RDSS* 1994. 563.
3. L'art. L511-1 CSS ne mentionne pas la PAJE, à l'évidence prestation familiale, les CAF versent l'allocation de RMI et l'AAH qui ne sont pas des aides à la famille…

Au-delà de l'aspect purement financier, la notion comporte donc une dimension morale. En général, jusqu'à 6 ans, l'enfant est considéré à charge sans aucune autre condition. De six à seize ans, il est soumis à l'obligation scolaire. À partir de seize ans, il reste à charge s'il est étudiant, apprenti, sans activité professionnelle ou si sa rémunération ne dépasse pas 55 % du SMIC. De façon plus générale, la condition de charge s'accompagne de conditions d'âge, variables selon l'objet de la prestation : l'enfant est ouvrant-droit seulement s'il ne dépasse pas un âge fixé par la loi.

3. Les conditions relatives à l'allocataire

C'est une conséquence du principe de territorialité : les prestations familiales sont versées à toute personne française ou étrangère résidant régulièrement en France. Les nationaux qui vivent à l'étranger perdent donc en principe leur droit aux prestations familiales. Quant à l'étranger, il doit produire l'un des titres de séjour requis (carte de résident, carte de séjour temporaire, carte de résident privilégié ou ordinaire…)[1] pour attester de la régularité de la résidence. Aucune autre condition n'est exigée, celle tenant à l'activité professionnelle ayant été supprimée en 1978. La qualité d'allocataire n'est reconnue qu'à une seule personne au titre d'un même enfant. Aussi, quand les deux membres du couple assument la charge de l'enfant, l'allocataire est celui qu'ils désignent d'un commun accord et, s'ils omettent de le faire, c'est l'épouse ou la concubine. L'attributaire, qui perçoit les prestations, est désigné de la même façon. Lorsque ce dernier détourne les prestations en ne les utilisant pas dans l'intérêt de l'enfant, le juge des enfants peut ouvrir une tutelle aux prestations familiales : un tuteur percevra les prestations afin qu'elles soient utilisées conformément à leur destination.

III. Le régime propre à chaque prestation familiale

Malgré les limites que comporte nécessairement toute classification, il est possible de distinguer les prestations générales d'entretien, les prestations

1. Art. D511-1 CSS.

liées à la naissance ou à la présence d'un jeune enfant, et les prestations à affectation spéciale.

1. Les prestations générales d'entretien

Quatre prestations relèvent classiquement des prestations générales d'entretien : les allocations familiales, le complément familial, l'allocation de soutien familial et l'allocation de parent isolé, bien que cette dernière, relevant des minima sociaux, serve directement la lutte contre la pauvreté des familles monoparentales.

A. *Les allocations familiales*

Ce sont les prestations familiales les plus anciennes. Si l'on excepte la brève parenthèse durant laquelle elles furent placées sous condition de ressources, ce sont aussi celles dont le régime juridique jouit de la plus grande stabilité[1]. Ainsi et même si cela est largement critiqué, les allocations familiales sont encore aujourd'hui versées à partir du deuxième enfant. Elles ne sont soumises à aucune condition de ressources. Leur montant est forfaitaire et varie selon le nombre d'enfants à charge[2]. Il est majoré en fonction de l'âge des enfants[3]. La fonction réelle des allocations familiales varie considérablement selon le niveau de vie de ses bénéficiaires. Dans les familles à faible revenu, ces prestations ont un caractère alimentaire marqué et sont tout entières affectées à l'entretien élémentaire des enfants. Dans les autres, elles deviennent un moyen de contribuer au mieux-être des enfants, les moyens d'existence étant assurés par ailleurs.

---

1. M. Badel, « Quel droit aux allocations familiales ? », *Mélanges en l'honneur de É. Alfandari*, Dalloz, 2000. 203.
2. Au 1er janvier 2006, 117,14 € pour 2 enfants, 267,21 € pour 3 enfants, 417,28 € pour 4 enfants, et 150,08 € par enfant supplémentaire à charge.
3. Au 1er janvier 2006, 32,75 € par enfant de plus de 11 ans, 58,57 par enfant de plus de 16 ans. Une allocation forfaitaire est versée pendant 1 an aux familles de 3 enfants et plus quand l'aîné atteint 20 ans.

B. Le complément familial

Le complément familial est réservé aux foyers qui ont au moins trois enfants à charge, tous âgés de plus de 3 ans et de moins de 21 ans. Destiné à soutenir le revenu des familles, il est placé sous condition de ressources, le plafond variant selon le nombre d'enfants présents au foyer, selon que le bénéficiaire vit seul ou en couple et, dans ce dernier cas, en fonction du nombre de revenus d'activité[1]. Le complément familial peut se cumuler avec l'allocation de base de la PAJE, le complément de libre choix d'activité, l'allocation d'adoption et l'allocation pour jeune enfant (sauf pendant la période prénatale).

C. L'allocation de soutien familial

L'allocation de soutien familial est inspirée de l'ancienne allocation d'orphelin. D'un montant forfaitaire[2], elle est versée pour pallier la défaillance de l'un ou des deux parents. Peut ainsi en bénéficier la personne seule qui assume la charge d'au moins un enfant, qu'un lien de filiation soit établi ou que l'enfant soit simplement recueilli[3]. Le droit à la prestation est ouvert automatiquement si l'enfant est orphelin de père ou de mère, ou si l'autre parent ne l'a pas reconnu. Par ailleurs, l'allocation est provisoirement attribuée si l'autre parent ne participe plus à l'entretien de l'enfant depuis au moins deux mois consécutifs soit parce qu'il est hors d'état de faire face à son obligation d'entretien, soit parce qu'il se soustrait à cette obligation, par exemple en n'exécutant pas son obligation de payer la pension alimentaire fixée par jugement. Dans ce dernier cas, l'allocation est versée à titre d'avance sur la pension alimentaire due.

1. Par exemple, au 1er janvier 2006, le plafond annuel est de 32 154 € pour un couple disposant de deux revenus d'activité et ayant 3 enfants à charge.
2. Au 1er janvier 2006, 82,36 € par mois et par enfant à charge pour la personne qui élève seule son enfant, 109,81 € par mois et par enfant à charge pour le recueil d'un enfant privé de l'aide de ses deux parents.
3. Il est admis dans ce cas que la personne vive en couple.

D. L'allocation de parent isolé

Prestation familiale, l'allocation de parent isolé (API) est une garantie de ressources qui relève des minima sociaux. C'est une allocation différentielle qui doit permettre au parent qui assume seul la charge d'un ou plusieurs enfants de bénéficier d'un minimum mensuel garanti. Le montant de la prestation est ainsi égal à la différence entre la moyenne mensuelle des ressources du bénéficiaire et le montant maximal de l'API. Ce dernier, relativement élevé[1], est du reste accusé de créer des effets pervers et de contribuer à la désinsertion des allocataires[2]. Aussi est-il désormais possible de cumuler, pendant au moins un an, tout ou partie de l'allocation avec les revenus du travail[3]. L'API concerne les personnes enceintes ou ayant au moins un enfant à charge, qui vivent seules après un décès, un divorce, une séparation, ou encore une incarcération ou une hospitalisation sans aucun revenu du conjoint, partenaire pacsé ou concubin. Selon les cas, l'allocation est versée pendant 12 mois ou jusqu'au troisième anniversaire du plus jeune enfant, si cela est plus favorable au demandeur. Une majoration spéciale intervient en cas d'enfant handicapé à charge[4].

2. Les prestations liées à la naissance ou à la présence d'un jeune enfant

À partir des années 1980, la diversification des orientations de la politique familiale s'est traduite par une multiplication des prestations confinant à la dispersion, néfaste pour la lisibilité et la gestion des dispositifs. Coexistaient alors l'allocation pour jeune enfant (APJE), l'allocation parentale d'éducation (APE), l'allocation de garde d'enfant à domicile (AGED) et l'aide à la famille pour l'emploi d'une assistante maternelle agréée (AFEAM). La prestation d'accueil pour jeune enfant (PAJE) a vocation à remplacer ces allocations qui, tout en restant versées aux personnes qui en bénéficiaient, ne sont

1. Au 1er janvier 2006, 551,81 € pour la femme enceinte sans enfant à charge, 735,75 € pour le parent isolé avec un enfant à charge, 183,94 € par enfant supplémentaire à charge.
2. M. Badel, « La solitude du parent », in *Insertions et solitudes*, éd. de la Maison des Sciences de l'Homme d'Aquitaine, Bordeaux, 1993, p. 37 et « L'incidence des prestations familiales sur l'insertion des familles », *RDSS* 1994. 674.
3. En fonction de la durée de l'activité.
4. Majoration de 47,82 €. D. n° 2005 - 11761 du 29 déc. 2005, *JO* du 31 déc.

plus attribuées depuis le 1er janvier 2004. En outre, si une naissance ou une adoption survient, la PAJE se substitue à ces prestations.

A. *La dispersion initiale des prestations*

L'APJE est versée jusqu'au troisième anniversaire d'un enfant né avant le 1er janvier 2004 quand les ressources du foyer sont inférieures à un plafond variable en fonction de la composition du foyer et du nombre de revenus d'activité[1]. Le montant, de 168,20 € au 1er janvier 2006, peut être réduit en considération des ressources. Une allocation d'adoption, d'un montant identique et soumise à des conditions similaires, est versée aux parents adoptant ou accueillant un enfant de moins de 20 ans.

L'APE est versée dès le deuxième enfant aux parents qui cessent ou réduisent leur activité professionnelle pour élever leur(s) enfant(s)[2]. Le montant de la prestation varie selon l'importance de la réduction d'activité[3]. Chaque parent peut simultanément bénéficier d'une APE à temps partiel.

L'AGED est réservée aux parents qui font garder un ou plusieurs enfants de moins de six ans par une employée de maison à leur domicile et qui perçoivent un revenu professionnel minimal[4]. Elle prend la forme d'une prise en charge des cotisations sociales dues à l'URSSAF, d'un taux de 50 à 75 % selon les ressources du foyer.

L'AFEAM concerne les personnes qui font garder leur(s) enfant(s) par une assistante maternelle indépendante, agréée auprès des services départementaux de la protection maternelle et infantile (PMI). Elle consiste dans la prise en charge par la CAF des cotisations sociales, patronales et salariales, dues à l'URSSAF pour l'assistante maternelle, et dans le versement d'une somme trimestrielle, appelée majoration, variant selon les ressources annuelles du bénéficiaire.

1. Au 1er janvier 2006, plafond annuel de 27 773 € pour un couple avec 2 enfants et 2 revenus d'activité.
2. Le droit à l'APE est conditionné par une durée d'activité ou de cotisation antérieure à la naissance.
3. Au 1er janvier 2006, 521,85 € pour la cessation complète d'activité.
4. Pour un couple de salariés, revenu net trimestriel au moins égal à 1 103,61 € (pour chacun) au 1er janvier 2006.

B. La prestation d'accueil pour jeune enfant (PAJE) et ses déclinaisons

Malgré la volonté simplificatrice qui a présidé à la création de la mesure et la tentative de rationalisation des aides à la petite enfance, la prestation qui est versée dès le premier enfant se décline en plusieurs dispositifs[1].

Elle consiste d'abord en une **prime à la naissance ou à l'adoption** qui doit permettre de faire face aux premières dépenses entraînées par l'arrivée de l'enfant. Elle prend la forme d'une somme forfaitaire versée au cours du septième mois de la grossesse, versée autant de fois qu'il y a d'enfants à naître[2].

La PAJE comporte ensuite une **allocation de base**, versée du mois de la naissance de l'enfant, de l'arrivée ou de l'adoption de l'enfant, à ses trois ans[3] à condition que les ressources du foyer restent dans la limite d'un plafond[4].

Enfin, la PAJE comprend trois **compléments de libre choix** : le complément de libre choix d'activité, le complément optionnel du libre choix d'activité et le complément de libre choix du mode de garde, tous trois orientés vers la conciliation des vies familiale et professionnelle. Le complément de libre choix d'activité est versé au parent de l'enfant de moins de trois ans qui cesse de travailler ou opte pour le travail à temps partiel. Il est versé pendant 6 mois pour un enfant à charge, jusqu'aux trois ans du dernier enfant dans les autres cas. Son montant dépend à la fois de l'importance de la cessation d'activité et de la perception de l'allocation de base[5]. Le complément optionnel de libre choix d'activité, issu de la LFSS pour 2006[6] et entré en vigueur le 1er juillet

1. K. Michelet, « La prestation d'accueil du jeune enfant : une réforme timide des aides à la petite enfance », *TPS* 2005. 11.
2. Au 1er janvier 2006, 840,96 € .
3. Au 1er janvier 2006, 168,20 € .
4. Le montant du plafond annuel est modulé en fonction de la composition du foyer et du nombre de revenus d'activité. Par exemple, pour un couple avec 2 enfants et 2 revenus d'activité : 36 007 €.
5. Par exemple, au 1er janvier 2006, 353,67 € mensuels en cas de cessation totale d'activité et de non perception de l'allocation de base.
6. Loi du 19 déc. 2005 et décret n° 2006 - 732 du 22 juin 2006.

2006, est une modalité de la prestation précédente et peut s'y substituer[1]. Réservé au parent d'au moins trois enfants qui choisit de cesser complètement son activité professionnelle, ce complément optionnel est versé pendant une année maximum et a un montant mensuel de 750,01 €, soit près de 50 % de plus que l'indemnisation du congé de trois ans. Enfin, le complément de libre choix du mode de garde concerne les parents, sous condition minimale de revenu professionnel, qui font garder leur(s) enfant(s) de moins de six ans par une assistante maternelle agréée ou par une garde à domicile. La CAF prend en charge une partie de la rémunération du salarié et les cotisations sociales[2].

3. Les prestations à destination particulière

Rien ne fédère ces prestations si ce n'est le fait de constituer des réponses pragmatiques à des besoins ou des situations qui confrontent la cellule familiale à des difficultés, de façon durable ou ponctuelle.

A. *L'allocation d'éducation de l'enfant handicapé*

Cette prestation a remplacé l'allocation d'éducation spéciale le 1er janvier 2006. Elle est attribuée pour l'enfant de moins de 20 ans dont l'incapacité permanente est au moins de 80 %. L'incapacité peut être comprise entre 50 et 80 % s'il fréquente un établissement spécialisé ou si son état exige de recourir à un service d'éducation spéciale ou à des soins à domicile. Le montant de l'allocation est lié à la fois à la situation du parent au regard de l'emploi et au degré du handicap. L'allocation de base[3] peut être majorée par un complément qui varie en fonction de plusieurs facteurs, cumulés ou non : l'éven-

1. Sa création répond aux critiques formulées contre le complément de libre choix d'activité considéré d'un montant insuffisant eu égard à la perte de salaire subie. Voir *L'e-essentiel*, n° 46 ; fév. 2006, www.cnaf.fr, rubrique « Actualité », « Publication ».
2. 50 % pour l'emploi d'une garde à domicile dans une limite mensuelle variant selon l'âge de l'enfant, 100 % pour l'emploi d'une assistante maternelle agréée.
3. Au 1er janvier 2006, 117,72 € par mois.

tuelle cessation d'activité du bénéficiaire (totale ou partielle), l'embauche d'une tierce personne rémunérée, le montant des dépenses engagées en raison de l'état de santé de l'enfant.

La décision d'attribution de l'allocation de base et de son complément éventuel est prise par la Commission départementale des droits et de l'autonomie des personnes handicapées qui apprécie l'état de santé de l'enfant. Les droits sont ouverts pour une durée renouvelable minimale de 1 an, maximale de 5 ans. Ces droits sont revus si l'incapacité de l'enfant évolue.

B. *L'allocation de présence parentale*

L'allocation de présence parentale est de création récente (LFSS pour 2001). Elle permet aux parents de suspendre ou de réduire ponctuellement leur activité professionnelle pour s'occuper d'un enfant de moins de 20 ans gravement malade, accidenté ou handicapé. La situation de l'enfant doit être suffisamment grave pour requérir la présence d'une personne à ses côtés. Elle est attestée par un certificat médical détaillé qui précise la nécessité de soins contraignants, d'une présence parentale soutenue et la durée prévisible du traitement. La prestation prend la forme d'une allocation journalière représentant le nombre d'absences prises au cours de chaque mois, dans la limite de 22 jours. 310 allocations peuvent être versées dans la limite de trois ans. Aucune condition de ressources n'est posée. Le montant de la prestation dépend de la composition du foyer, du volume de l'activité suspendue et de l'importance de la réduction de l'activité[1]. À cette allocation de base peut s'ajouter un complément mensuel de frais pour enfant malade d'un montant de 99,52 €[2].

1. Par exemple, au 1er janvier 2006, pour une cessation complète d'activité à temps plein dans un ménage, 856,55 € par mois.
2. Modifications issues de la CFSS pour 2006. D. n° 2006-536, 11 mai 2006, *JO* 12 mai 2006, D. n° 2006-658 et 659 du 2 juin 2006, *JO* 4 juin 2006.

C. *L'allocation de rentrée scolaire*

Cette prestation doit aider les parents à assumer le coût de la rentrée scolaire pour les enfants de 6 à 18 ans. Sans être réservée aux familles pauvres, elle est attribuée aux foyers modestes et soumise à condition de ressources[1]. La prestation est allouée peu avant la rentrée, sauf pour les jeunes de 16 à 18 ans qui doivent fournir un justificatif de scolarité ou d'apprentissage. Une allocation dégressive peut être versée aux familles dont les revenus sont légèrement supérieurs à un plafond.

D. *Les aides au logement*

Trois aides sont destinées à solvabiliser les foyers modestes pour leur permettre de se loger dans des conditions convenables. Chacune correspond à un cas de figure spécifique et ne peut donc être cumulée avec les autres.

L'aide personnalisée au logement (APL) s'adresse aux personnes locataires d'un logement ayant fait l'objet d'une convention entre le propriétaire et l'État qui fixe notamment l'évolution du loyer, la durée du bail et les normes de confort. Elle est aussi versée aux personnes qui accèdent à la propriété ou qui sont déjà propriétaires, qui ont contracté un prêt d'accession sociale (PAS), un prêt aidé à l'accession à la propriété (PAP) ou un prêt conventionné (PC) pour l'acquisition d'un logement neuf ou ancien. **L'allocation de logement à caractère familial** (ALF) s'adresse aux personnes qui ne peuvent pas bénéficier de l'APL. Sont concernés ceux qui ont des enfants ou des personnes à charge, et les couples mariés depuis moins de 5 ans, le mariage ayant eu lieu avant les quarante ans de chacun des conjoints. **L'allocation de logement à caractère social** (ALS) s'adresse à ceux qui ne peuvent prétendre aux prestations précédentes.

1. Pour la rentrée 2005, les ressources prises en compte étaient celles de 2004. Le plafond annuel était de 17011 € pour 1 enfant, 20937 € pour 2, 24863 € pour 3, et 3926 € par enfant supplémentaire.

Outre les conditions liées au logement qui doit être décent, salubre, et d'une superficie adaptée au nombre de personnes composant le foyer, des facteurs financiers déterminent le versement et le calcul de ces aides.

Annexes

I. Dates clés de la protection sociale

9 avril 1898 : loi sur les accidents du travail.

5 avril 1910 : loi sur les retraites ouvrières et paysannes.

30 avril 1930 : loi relative aux assurances sociales.

1932 : création des allocations familiales pour les salariés.

4 octobre 1945 : ordonnance instituant la sécurité sociale.

19 octobre 1945 : ordonnance sur les assurances sociales (maladie, maternité, invalidité, vieillesse, décès).

22 mai 1946 : loi portant généralisation de la sécurité sociale et prévoyant l'assujettissement obligatoire aux assurances sociales.

8 juin 1946 : décret énumérant les régimes spéciaux dont l'indépendance est maintenue.

9 avril 1947 : loi étendant la sécurité sociale aux fonctionnaires.

17 janvier 1948 : loi instaurant trois régimes d'assurance vieillesse pour les professions non salariées non agricoles (artisans, professions industrielles et commerciales, professions libérales).

10 juillet 1952 : loi créant le régime d'assurance vieillesse obligatoire des exploitants agricoles, géré par la mutualité sociale agricole (MSA).

1978 : loi de généralisation des prestations familiales.

22 juillet 1993 : loi sur les pensions de retraites et la sauvegarde de la protection sociale, première réforme des retraites.

1er décembre 1988 : loi portant création du revenu minimum d'insertion (RMI).

31 décembre 1990 : loi portant création de la contribution sociale généralisée (CSG).

24 janvier 1996 : ordonnance créant la contribution pour le remboursement de la dette sociale (CRDS).

19 février 1996 : loi constitutionnelle donnant compétence au Parlement pour se prononcer sur les équilibres prévisionnels des comptes sociaux.

27 juillet 1999 : loi portant création de la couverture maladie universelle.
28 décembre 2001 : LFSS pour 2002, création du congé de paternité.
21 août 2003 : loi sur les retraites, deuxième réforme ; suppression de l'assurance veuvage, réaménagement de la pension de réversion.
13 août 2004 : loi relative à la réforme de l'assurance maladie.
11 février 2005 : loi portant réforme des dispositifs pour les handicapés.
2 août 2005 : loi organique relative aux lois de financement de la Sécurité sociale.

II. Indications bibliographiques

A. Bourdon, C. Lebel, L. Magnien, *Le système de protection sociale*, Ellipses, coll. « Droit – Éco – Gestion », 2002.
J.-P. Chauchard, *Droit de la sécurité sociale*, LGDJ, coll. « Manuel », 2005.
M. de Montalembert (sous la direction), *La protection sociale en France*, La Documentation française, coll. « Les notices », 2004.
J.-J. Dupeyroux, M. Borgetto, R. Lafore, R. Ruellan, *Droit de la sécurité sociale*, Dalloz, 2005.
J.-J. Dupeyroux, X. Prétot, *Droit de la sécurité sociale*, Dalloz, 2005.
G. Huteau, *Sécurité sociale et politiques sociales*, Armand Colin, 2001.
J.-L. Matt, *La sécurité sociale : organisation et financement*, LGDJ, 2001.
P. Morvan, *Droit de la protection sociale*, Litec, coll. « Manuels », 2005.
J.-P. Laborde, *Droit de la sécurité sociale*, PUF, 2005.
B. Palier, *Gouverner la sécurité sociale*, PUF, 2005.
R. Pellet, *Leçons de droit social*, Sirey, 2005.
X. Prétot, *Les grands arrêts du droit de la sécurité sociale*, Dalloz, 1998.
M.-H. Raynier, *Protection sociale*, Dunod, coll. « Express », 2002
T. Tauran, *Droit de la sécurité sociale*, PUG, coll. « Le droit en plus », 2000.
T. Tauran, *Les régimes spéciaux de sécurité sociale*, PUF, coll. « Que saisje ? », 2000.
P. Valtriani, *Les politiques sociales en France*, Hachette, coll. « Les fondamentaux », 1999.

III. Principaux sites Internet

Agence centrale des organismes de sécurité sociale : http://www.acoss.fr

Annuaire de la sécurité sociale : http://www.annuaire-secu.com

Association internationale de la Sécurité sociale : http://www.issa.int

Assurance maladie : http://www.ameli.fr

DRESS : http://www.sante.gouv.fr

INSEE : http://www.insee.fr

Caisse nationale d'assurance vieillesse : http://www.cnav.fr

La Documentation française : http://www.ladocumentationfrancaise.fr

Ministère de l'Emploi et de la Solidarité : http://www.travail.gouv.fr

Législation et jurisprudence : http://www.legifrance.gouv.fr

Portail national des URSSAF : http://www.urssaf.fr

Index

Table des matières

Aubin Imprimeur
LIGUGÉ, POITIERS

Achevé d'imprimer en septembre 2006
N° d'impression P 70289
Dépôt légal, septembre 2006
Imprimé en France